Arno Schmidt

DAS
ERZÄHLERISCHE WERK
IN 8 BÄNDEN

BAND 1

EINE EDITION DER
ARNO SCHMIDT STIFTUNG
IM HAFFMANS VERLAG

ARNO SCHMIDT

ENTHYMESIS
—
GADIR
—
ALEXANDER
—
KOSMAS

UMSCHLAGZEICHNUNG VON ARNO SCHMIDT

1.–10. TAUSEND, MÄRZ 1985
11.–20. TAUSEND, APRIL 1985

ALLE RECHTE AN DIESER WERKAUSGABE VORBEHALTEN
COPYRIGHT © 1985 BY
ARNO SCHMIDT STIFTUNG BARGFELD
GESTALTUNG UND PRODUKTION:
URS JAKOB, HAFFMANS VERLAG AG, ZÜRICH
GESAMTHERSTELLUNG: ZOBRIST & HOF AG, LIESTAL
ISBN 3 251 80000 0

Inhalt

ENTHYMESIS
oder W.I.E.H.
7

GADIR
oder Erkenne dich selbst
33

ALEXANDER
oder Was ist Wahrheit
55

KOSMAS
oder Vom Berge des Nordens
93

ENTHYMESIS
oder
W.I.E.H.

3. Tag

Wir haben heut alle mehr Schritte gebraucht; der Wind kam zu heftig und kalt. Außerdem wurde gegen Mittag der Sand tiefer, und ich ließ deshalb ein paarmal von Mabsut das Stadion vor uns auslegen (so brauchten wir keine schädliche Unterbrechung vorzunehmen): natürlich hat sich der Schritt noch mehr verkürzt; ich verglich vorhin mit Aemilianus, auch er hat nach allen Reduktionen weniger als sonst. Deinokrates erhielt beim Abschluß fast dieselbe Zahl wie ich, das sind 196,34 Stadien, wir einigten uns alle 3 nach der Geländediskussion auf 195,82 ± 0,41. Im Ganzen haben wir also jetzt 623,13 ± 1,04. – Wenn ich mir überlege, wieviel Fehlerquellen in unserem Verfahren verborgen liegen – ach, ihr Götter! Halten wir auch genau die Nord-Süd-Richtung ein? Schätzen wir bei welligem Gelände den Abzug für die Luftlinie richtig? Und unsere Schrittlänge? Verzählen wir uns auch nicht? Wind? Sand? Und schon am zweiten Tag mußten wir einen Umweg von nahezu einer halben Stunde machen, weil eine lange Felsrippe, zu steil zu überklimmen, unseren Pfad kreuzte (Pfad – dabei gehen wir wie Wolken im Blau: vor uns kein Weg; hinten verwischt ein Windstoß die Spur. – Ich hätte besser ‹Richtung› sagen sollen; man ist immer noch zu faul, korrekt zu denken. ‹Man› und ‹immer noch› d. h. ‹ich› und ‹schon›) – Spät abends. Kalt. Große blakende Sterne (listig wie Augen; gähnen, blinzeln. Die ganze Nacht). Mabsut kam um das stoßweise qualmende Feuer und massierte mir selbst die Beine. Ich bin der einzige, der sich mit ihm unterhalten kann, und so erscheint er manchmal, tut flüsternd, soweit es seine Würde als Karawanenführer zuläßt, einen oder auch zwei Aussprüche, und sinkt dann, langsam die weiten Gewänder raffend, wieder zurück. Heute schwieg er. Gut.

4. Tag

24998 – 24999 – 25000! – Man ist jedesmal froh, wenn es wieder soweit ist. (Nebenbei Ergebnis: 827,14 ± 1,85.)

Heute früh haben wir die letzte Wolke gesehen; in den Falten eines hellbraunen nahen Bergknäuls zur Rechten stieg eine schlanke lockige Nebelsäule auf, dehnte morgenselig in den kühlen Schatten silberbreite Riesenschultern, reckte sich über den harten Gipfel mit goldenem

Wildlingshaupt – ach, und frischer blauer Frühwind zog an uns, die Kleider bogen sich in raschen kurzen Schwüngen um alle. Und der Hund Aemilianus stand wie aus Marmor kalt und sicher und wartete höflich und verächtlich, bis ich begann, schweigend nach Süden zu schreiten. – Ich zweifle keinen Augenblick daran, daß der Alte ihn mir mit vollster Absicht zuteilte; er hätte auch bestimmt viel lieber ihn zum Führer gemacht, aber das wagte er doch nicht, weil es einen Skandal in der ganzen Schule gegeben hätte. Ich habe ihm zu oft vor allen bewiesen, was für ein – ja, flacher Kopf er ist (ein Wundergedächtnis und größte Systematisierungsfähigkeit machen noch nicht den vollkommenen Genius!); und es ist interessant, wie selbst er, der geistige Tyrann in Alexandrien, sich doch nicht traute, mich als einfachen Bematisten hinauszuschicken. Aber los sein mußte er mich, weil er meine öffentliche Kritik nicht länger ertrug, und da er mich für einen ‹bei allem Scharfsinn zu phantastischen Kopf› hält (das hat er wörtlich zu Philippos von Syrakus gesagt!), war ja noch die Wüste da und der Sirius als ehrenvoller Auftrag. (Wie hat er beim Abschied gehöhnt: endlich werden wir einmal gesicherte Maße für den Erd-‹Ball› erfahren – obwohl er weiß, daß ich die Ge als Scheibe ansehe –) Nun, schon zu viel davon. – Und dann dem ‹warmen Kopf› rasch noch den Aemilianus beigegeben – oh, Eratosthenes ist klug! Und Philopator bezahlt alles!

Ich ging in den bunten Kreis der Nasamoner am zweiten Feuer, wo der kleine runzlige Tarfan in seinem rauhen Dialekt wieder ein Märchen erzählte; er wiegte sich, und sprang auf, und hob keuchend die Last unsichtbarer Goldgefäße, aus deren schimmerndem Flaschenmund klappernde Edelsteine stürzten; er strählte mit den mageren Krallen risch den Bart, und blähte sich giftig, daß der Kreis erregt raunte – schade, ich hörte nur das Ende noch; man warf neues Gestrüpp in die breite wogende Flamme, und ich konnte mit Mabsut wieder den Weg besprechen: in 1 oder 2 Tagen werden auch die letzten Büsche verschwinden.

5. Tag

Als ich ein Kind war, erschienen mir alle Erwachsenen verehrungswürdig, Eltern und Lehrer preislich wie Götter. Wenn ich nunmehr zurückdenke, sehe ich nur den Kleinen ernsthaft am Feuer sitzen und mit einem Holzschiffchen spielen. – Deinokrates erzählte in seiner hübschen lustigen Weise von Jugenderinnerungen (er ist ja noch so jung, kaum 17); sein Vater ist Standortältester in Kelainai, und die glatte unendliche Königsstraße hat sich wundersam in alle Träume und Spiele des Knaben geschlungen; fast schwarz im Mondschein, wenn die unermüdlichen Boten des Angareion darüberflogen. Viele Erinnerungen noch an die Großkönige; Inschriften, Denkmäler, Hallen. (Aemilianus machte sich manche Notizen und fragte nach der Befestigung der Stadt, der Stärke der Garnison usw. – Was das für ein kaltes Reptil ist! Dabei ausdauernd und muskulös; er ist ebenso groß wie ich, aber sein Schritt ist bedeutend kürzer, eben ein rechter, dem uniformierten Gleichmaß angepaßter, Soldatenschritt). –

Mond floß mir durchs nickende Gegitter des duftenden Salbeibusches ins Schlafgesicht: stürzte ich nicht in gebauschten Seidengewändern durch wimmelndes Traumvolk? – Einmal stand ich vorm Haus meiner Kindheit in Pantikapaeon; auf die roten Ziegel am gewölbten Eingang waren Worte gekritzelt, eins davon ‹Psillos›. So hieß ein Halbbarbar, mit dem ich einmal ein paar Tage am Istros auf Posten stand: was wollte sein Name an dem alten Haus? – Die Philosophen begehen zwei Kardinal-irrtümer; sie fassen das Wesen der Zeit und des Ichs viel zu einfach (Ausnahme: Dacqué?). Die Zeit ist zumindest eine Fläche, keine Linie; am Tage ist der Geist wie ein Schiffer auf einem Fluß, und der Nachen treibt; im Traum, zur Nacht, kann er aussteigen und über die Fläche des Zeitenstromes dahinschweifen – das Bild ist nicht schlecht (Zukunfts-schau; freier Wille usw.); nun – noch viel zu forschen.

6. *Tag*

(1206,18 ± 2,75) Nur gut, daß wir uns an Datteln und Wasser und das dürre Brot schon vorher monatelang haben gewöhnen müssen; und in sich ständig steigernden Märschen an den Wüstenboden. – Wir erzielten heut weniger Weges; denn wir mußten rechtwinklig (nach links) zum Brunnen abbiegen. Ich habe für morgen und übermorgen Rast angeord-net; wir haben alle Schläuche zu füllen; die Kamele müssen sich sattessen und ausruhen. (Das Wasser ist süß, aber es macht die Zähne stumpf, finde ich.) Um den Brunnen wohnen nur 2 Familien Nasamoner (obwohl ihre Mundart schon erheblich abweicht; z. B. Mabsut sagt ‹Ogron› für Sonne; die hier ‹Ugrnja›). Schmutziges und schweigsames Volk; sie verkauften uns für hellrotes Tuch ein paar Säcke mit Datteln. Die Kleinen spielten mit Eidechsen oder quälten große tastende Käfer. Kinder sehen noch schlank und am menschlichsten aus. Aber wenn sie erst einmal über 14–15 sind, dann fangen in ihren Leibern die entsetz-lichen Drüsen an zu arbeiten; sie behaaren und bebarten sich, ihr Äußeres wird tierischer, und der Rest ihres Daseins bis ins hohe Alter ist nur noch ein unaufhörliches zähnefletschendes Brunstrasen. –

Ich muß auch noch einen anderen Zählapparat ersinnen; Deinokrates nimmt jeden Morgen gottergeben seine Kette und läßt den ganzen Tag die verschieden geformten Perlen durch die Finger laufen. Aemilianus macht täglich 2500 Punkte (bei jedem zehnten Doppelschritt einen) auf seine Wachstafel. Ich habe bisher mein Zahnradsystem mit dem Daumen betrieben, und ich glaube, es ist immer noch das Beste von den dreien; aber es müßte noch einfacher gehen, wenn man z. B. die ja bei jedem Schritt zwangsweise erfolgende Beugung des Knies verwerten könnte! Nur wie diese auf ein automatisches Zählwerk übertragen?! – Der Abend verglomm schön und grün. Friedlich. Die frühen Feuer. Einer der Bewohner erzählte, daß von den kupfernen Berghauben im Westen eine hohl sei, ein scharfgeränderter Abgrund mit hohen alten Bäumen darin. Eine Wegstunde von hier. Werde morgen mittag hingehen und ihn als Führer mitnehmen; außerdem einen von unseren Leuten (Tarfan, der Hakawati, will auch noch mit; meinetwegen!). – Das ganze Land hier unten im Süden ist ja noch so gut wie unbekannt; außer ein paar gelegentlichen Vorstößen in die Wüste, von denen aber kaum Berichte vorliegen, weiß man nichts davon (»... denn da kommen als Scheidewand hohe Berge, auf denen sollen Leute mit Ziegenfüßen wohnen, und über denen welche, die schliefen 6 Monde lang, und kein Mensch weiß, wie es dort aussieht ...« Wie habe ich als Knabe mit bebendem Herzen solche Stellen im Herodot gelesen; und vom Sataspes).

7. *Tag*

Am Kraterrand (glühender Mittag): ich sitze schon seit einer Stunde hier oben.

Wir brachen früh auf und gingen etwa 35,7 Stadien weit (ich kann das verfluchte Zählen kaum noch lassen!); dann befanden wir uns schon mitten in der ödesten Bergwildnis. Der Führer deutete auf eine etwa 1 Stadion hohe rötliche Steilwand und wisperte schüchtern: »Da soll es sein ...« (Er selbst war also noch nicht darin gewesen.) Da sich die Stelle als unersteiglich erwies, umkletterten wir spähend fast zwei Stunden lang den ganzen tief gespalteten Mantel des Bergstumpfes, aber überall schrofften die Wände unzugänglich, zuweilen gar überhängend, bis wir endlich wieder an der Ausgangsstelle angelangt waren (das Ganze ist von einem Gewirr größerer und kleinerer Hügel und rötlicher Felsen umgeben, die sich nach Westen und Süden manche Wegstunde weit hinstrecken mögen). Tarfan und ich begannen dann in einer mannstiefen schmalen Rinne den Anstieg und brauchten nahezu eine Stunde für die kurze Strecke; wir schritten über einen 2 oder 3 Stadien breiten unebenen rissigen Steinring und blickten dann völlig unerwartet tief tief hinab in ein fast kreisrundes weites Tal. Mächtige allgrüne Baumwipfel standen unbeweglich in der sengenden Mittagshitze unter unseren Füßen, ein glühender Teich blaute weit drüben in den duftenden dünstenden Wiesen; ich zitterte vor Erregung! –

Also (ruhig beschreiben!): Es wird etwa 12–15 Stadien im Durchmesser haben; die Wände senken sich sehr steil nach innen, und die eigentliche Talsohle mag in der gleichen Ebene (vielleicht etwas tiefer?) wie draußen die Wüste liegen. Wir sind ein Stück auf dem alten Kraterrand (denn es ist ja bestimmt ein Vulkan gewesen; die Innenwände sind zum Teil noch mit glasigen Lavastreifen bezogen!) entlang geklettert, um Nadelgefels und Blockwerk herum, und ich habe im Großen alles überblicken können. Eine ganze Familie glatter Teiche, durch schimmernde gewundene Kanäle verbunden, liegt drüben in der südlichen Hälfte. Myrrhenbüsche stehen im stillwuchernden heißen Wiesenmeer; nie sah ich solch mächtige uralte Bäume. Ich muß leise ein Stück hinunter. (Oh, ich weiß: es ist windgeschützt, und das Regenwasser kann durch die Lava nicht absickern; die Pflanzensamen wurden wahrscheinlich durch Vogelkot eingetragen – man kann ja alles erklären! – Aber – ach, kein ‹aber›; wer Narr sein *will*, versteht mich doch nicht!) Tarfan sitzt reglos an einem Felsblock und ist irgendwohin in sich versunken. – Hinab! –

Ganz weich ist der Boden; nur ich bin zu schwer; die Luft ist wie Glas. Zu starker Kräuterduft; er füllt mir den Flüstermund wie unsichtbares Getränke. Lautlos brennt im Moos die grüne Feder Farn. Und ich will mich den Teichen nahen, unter dem runden Himmel. Kein Fisch schnalzt mich an; keine Blume bläht die grelle Farbenschale. Nur tiefes und helles Grün, und nahe und ferne rötliche Felsenmauern, gluthoch und wildverzahnt. Ich bin auf ganzen Sohlen zurückgetappt: es ist so heiß und starr und wuchert in schlafhafter Grüne. Manche Schlankbäume haben ein enganliegendes Schuppenkleid, rhombisch und sandelbraun; ich gleite lautlos und langsam durch ihre Fiederschatten. –

Oben

Tarfan, als ich ihn aufrütteln wollte, hob zerstreut abwehrend den Arm und wies murmelnd nach einer der goldenen Lichtungen: da sah auch ich es ganz deutlich: es bewegte sich. Ich kauerte mich zu ihm nieder, ich fragte: »Was ist das?« er antwortete mittagsleise: »Aegipane –«

1 Stunde später

So schrill und rauh pfiff es unten, daß wir nach den Seiten fuhren; die Blattkuppel der Baumsäule unter uns öffnete sich sparsam und ein blätterschuppiges Maskengesicht tauchte aus der Pflanzentiefe, grasfeines Grünhaar als Wallemähne; halboffen schmal ein Starrmund – es riß mich an den Rand des Felsens, ich wollte mehr wissen: da plappert es erschreckt und hölzern, zu raschelt das Laubfenster. Tarfan zeigt wie abwesend in die fernen Wiesen; da springt und federt es noch immer, Gestalten wie aus Goldluft und Smaragd gemischt. –

Im Lager, Abend

Geschwiegen über die Ae.; nur Belangloses von dem Bergland erzählt. (Aemilianus hatte schon wieder die Schreibtafel bereit.) Um die beiden abzulenken, habe ich ihnen folgendes zu überdenken gegeben: Eratosthenes sagt, die Erde sei eine in 24 Stunden einmal rotierende Kugel von beiläufig 70000 Stadien Durchmesser; mit welch phantastischer Geschwindigkeit bewegen wir uns dann hier in jedem Nu? Müßte nicht diese Riesengeschwindigkeit eine so große Fliehkraft entwickeln, daß die Erde im Äquator zwangsläufig gedehnt würde? Sie könnte also keine Kugel mehr sein. Außerdem ist geometrisch die Kugelform nur ein äußerst seltener Grenzfall unter den unzählig vielen Rotationsellipsoiden, so daß (wenn schon die Erde eine in sich zurückgekrümmte Fläche sein sollte, – was ich bestreite!) nur ein solches in Frage kommt. – Deinokrates war gespannt und interessiert wie ein junger Jagdhund; Aemilianus stand kühl an eine Dattelpalme gelehnt (notiert zwar hatte er alles!) und fragte: »Und was Praktisches folgt daraus?« (Wenn ich Eratosthenes wäre, oder wenn Eratosthenes ein bedeutender Mann wäre – Haha: *ist* das nicht eine prächtige Formulierung!! – würde ich einen Menschen, der so fragen kann, nie als Schüler annehmen! Praktisch! Der Bube! Nun, ich will ihn bedienen!) – Ich sagte leicht höhnisch (er sollte es merken, und nahm es auch kalt zur Kenntnis): »Hat man das in Rom noch nicht entwickelt? – Du erinnerst Dich wohl, wie ich mit Eratosthenes sprach, daß, wenn die Erde ein Ball sei, wir z. B. mit der Formel H = a · tg alpha die Höhe eines Berges stets zu klein messen würden, weil ja sein Fuß immer tiefer steht als wir selbst.« Er nickte mit hochgezogenen Augenbrauen (vermutlich dachte er auch daran, wie E. damals völlig verdutzt geschwiegen hatte – der große E.!). Wenn nun aber die Erdoberfläche keine gleichmäßige Krümmung hat, d. h. wenn die Größe dieses ‹Tieferstehens› sich, wenn auch mathematisch durchaus erfaßbar, änderte, je nach dem Ort, wo ich mich befinde, ja, auch dann noch mit der Richtung wechselnd, in die ich schaue, und der Entfernung des beobachteten Punktes – Deinokrates legte verwirrt eine Hand an die Stirn – ich zeichnete ihnen eine Ellipse in den Sand, und machte ihnen das Problem klar. Nun sitzen sie mit gepreßten Lippen und grübeln. (Auch der praktische Emil – ich verwette meinen Kopf, daß Rom ihn als Spion zu uns geschickt hat; zum ‹Nutzen des Staates› viel ‹praktische› Kenntnisse zu sammeln; für Vermessungszwecke, damit man möglichst rasch Marschstraßen abstecken und militärische Karten zeichnen lernt. Selbst sind sie zu beschränkt – eben ‹national› – mich packt der Ekel; ausrotten müßte man diese kalten Machtschufte. Pfui.)

8. Tag

(bevor die Sonne aufsteht) Ich habe mir im Schutz der Decken das Säckchen mit meinen Privatsachen herangezogen, und von dem glashellen scharfen Branntwein geschluckt. Schön, so am Morgen zu trinken; es wirkt fast unmittelbar, gleich nach 2, 3 Minuten; und man braucht ganz wenig. Und ist eine Stunde lang wach wie ein Gott! – Da: schon kommt's! Nun sehe ich jedem Menschen nur ins platte Gesicht, und errate sogleich: Du bist ein Schuft! Und Du ein Schwein! Und Du ein Narr! Aemilianus ist dies alles: Deino wird es. Nur Tarfan, der Bunte, ist anders; aber er ist nicht scharfsinnig genug – doch schon zu viel von ihnen, ich will die Stunde nicht vergeuden.

Die zehnstellige streicheln; ich liebe sie wie die Einsamkeit; und warum? Pah – herhören (Wer soll herhören – Was?!): mit 6 beginnen unendlich viele Zahlen, mit 62 schon weniger, mit 62457 nur noch einige, mit 6245763016 keine mehr, die ihr Pöbel kennt; und dahinter tauchen aus unendlichen Zahlentiefen mehr auf, mehr auf, mehr, kommt – ach Ihr! Und deswegen die Hand hoch zu alpha Lyrae – hoho, wer errät's? –

Ich habe früher einmal zu Eratosthenes geäußert: Das Kennzeichen des Geistes ist, daß er die Unendlichkeit will; nun sei die Scheibe unendlicher als die Kugel, also müsse die Erde eine Scheibe sein. Und fügte ungeduldig hinzu, ob er nicht mitfühle, wie fürchterlich es wäre, wenn man eine Kugeloberfläche einmal fertig entdeckt hätte? Er nickte gleichmütig und erwiderte lächelnd: »Damit hat's noch gute Weile.« Na schön. Dann wünsche ich gute Weile. (Natürlich kann einer weder ein guter Staatsbürger noch auch persönlich glücklich werden, der sich Gedanken über das Treiben der Menschen – und Lebewesen – vor und nach tausend Jahren macht. Oder über die Psyche und Mneme der Pflanzen.) Dies Wichtigste aber verschwieg ich: wo soll man denn hinfliehen, wenn die Erde eine Kugel ist? Daß man endlich einmal in kein Menschengesicht mehr entsetzt starren muß (und wirf auch jeden Spiegel weg, und schließe beim Trinken die Augen!). Könnten sich dann nicht von allen runden Seiten die geschäftigen Haufen händereibend näher drängen; und flüchtete man bis zum Pol, sie würden auch diese letzte Wölbung erwimmeln mit ihren zischenden geilen Gesichtsscheiben und mit metallschmutzigen Höhnefingern auf den Einzelnen weisen, der angewiderten Mundes die Gewänder um sich rafft! – Nein, nein, ich will, daß sie eine Scheibe und so unendlich sei: nun folgt doch, ihr gaffendes Pack, wenn ihr könnt! Überwindet ihr auch noch den ersten gehügelten Forst und das erste Meer, so zaudert ihr schon beim zweiten und dritten – aber das zehnte?! – Aber das hundertste?!! – Und ich klimme lachend im ödesten Gestein und durchziehe unermüdet die Wüste (und möge Wind hinter mir sein, der alle Spuren verweht; und einen falben Mantel will ich tragen, daß mich niemand im Sandmeer erspähe) – nur Helios über mir im sprühgoldnen Schiff; und zuweilen mögen Dämonen kommen. Schon winkt ein neues silberschäumiges Meer, Inseln am Horizont. –

Blutbruder Gras, ich liebe Dich / Dein Wasserglanz stürzt über mich / wie eine Schale Tau. / Ich hebe meine Hände her / und streichle Dich so süß und schwer / und mehr und immer, immer mehr / wie die geliebte Frau. / Die Himmelsschale blau / vergießt ihr schmetternd goldnes Licht / über mein sinkendes Gesicht; / ich wehre nicht und streite nicht / der Wind, der weiße Wolken flicht, / kommt herrisch und geht lau. / Die Wolke steht und sieht mich an; / der Bach läuft blau und blank heran / auf seinen Silberfüßen, / der Mittag geht, die Dämmrung geht, / der Abend voller Feuer steht / und weiße Sterne sprießen. / Ich singe unbestürzt und laut / an Wasser, das aus Teichen blaut / Windsbraut ist meine wilde Braut: / Einst hatt' ich eine andre. – / Die schwatzt und lacht nicht halb so schön, / wie Räder, die in Bächen gehn, / in weißen, weißen Wässern gehn, / indes ich rufend wandre. / – Weh mir! Das Schwein Aemilianus kriecht aus den Decken! –

9. *Tag*

(1407,34 ± 3,18, d. h. über 200 Stadien; nun, wir waren ausgeruht, obwohl's am Ende nur noch Sand und Fels war.)

Abends viele Worte gemacht gegen die Darstellung des unbekleideten Körpers in der Kunst. Es ist ja geradezu wie ein Fluch, daß unsere Bildhauer und Maler (in wohlberechnender Spekulation auf die Lüsternheit des Publikums) nur noch nackte Weiber zurechtschmieren und -hacken. Und ihren Produkten dann Namen geben wie ‹Mittag› (wenn sie besonders fett und schläfrig geraten ist), oder ‹Schwermut›, oder sie machen eine ‹Kniende› und ‹Sinnende›, gerade als wenn man diese Tätigkeiten nur noch im unbekleideten Zustande auszuüben vermöchte. Emil hob kühl verwundert die Augenbrauen und meinte abweisend, aber es sei doch durchaus ‹natürlich› (*Das* ist ein Hohlkopf! – Ich sprach auch nur noch zu dem leicht erröteten Deino); vor 120 Jahren malte F. seine ‹junge Frau in der Morgensonne› (wir haben es oft genug in der Galerie in Alexandrien gesehen; und sie wendet dem Beschauer den Rücken und trägt ein langes hochgeschlossenes Kleid und sie breitet ganz leicht die schmalen Hände aus den breiten Ärmeln); also *das* Thema einem Modernen gegeben! Und ‹Natürlich› – unter dieser Schutzmarke werden seit Menschengedenken die tollsten Unflätigkeiten begangen; sie zerren grinsend das Quermaul breit: »ist doch alles menschlich! –« Und stoßen sich wiehernd mit den Ellenbogen an! – Die Natur zeigt uns nicht vollkommen Schönes noch Weises noch Gutes; aber der Geist – um das Gespräch abzubrechen, fragte ich scherzend Mabsut, der sich eben am Feuer zu schaffen machte, nach seiner Meinung; als er verstanden hatte, spreizte er nur ausdrucksvoll abwehrende Hände und schritt rückwärts in die Nacht. Das ist noch unverdorbenes Empfinden. – Es bleibt immer interessant genug, wie sich da im wilden Westen, in Rom wieder einmal so ein Wolfsstaat (wie damals Sparta) brutal groß frißt. Platon, der kalte Narr, müßte seine helle Freude daran haben (was an Platon groß sein soll, habe ich nie verstehen können; gewiß, er schreibt manchmal elegant, aber seine Bücher sind auch oft voll seitenlanger stilistischer und philosophischer Plattheiten, wie man sie kaum einem Schulbuben verzeihen würde. Und dann als Krone diese wahnwitzige Utopie; mit ihrer Weiber- und Kindergemeinschaft und der nackten Staatsvergötzung: »während eines Krieges wird es niemandem erlaubt sein, sich den Küssen eines ausgezeichnet Braven zu entziehen« und noch hundert dergleichen empörende Abgeschmacktheiten. Es ist das Brevier für einen fanatischen unsterblichkeitssüchtigen Eunuchen, der eiskalt amüsiert über Millionen in geistigen Schlaf versenkter Heloten hingrinst). Aber, wie gesagt: Rom! – Allem geht der Staat vor; möglichst viel Kinder ‹zeugen› (ein edel Wort, wie?); ja doch, Moloch braucht viel (und gegen den wird sittlich entrüstet Krieg geführt; außerdem gehört ja Sizilien strategisch dazu – »kein freier Staat könnte es länger dulden, daß ein asiatisches Fremdvolk in seinen natürlichen Lebensraum einbrach . . .« Und in Sagunt findet man gar Silber!). Deswegen vom 5.–70. Jahr nur Männerbünde; hart müssen sie werden; auch die ‹Jungfrauen› werden in heiligen Gestüten zusammengefaßt. Kunst und Wissenschaft erreichen natürlich sofort nie gekannte Hochblüten (denn außerhalb der Landesgrenzen leben ja nur Krämer und Lemuren, höchstens als Haustiere zu dulden), ». . . denn heute gehört uns Roma, und morgen die ganze Welt . . .«, so singen ja die Zehnjährigen bei ihren Marschübungen. Während jedes Quartalskrieges müssen dann auch die 100-jährigen Pfeilspitzen schmieden; und die Heldenmütter jauchzen, wenn sie die Nachricht erhalten, daß wieder einmal ein Sohn gefallen ist. (Tatsache: das hat mir Ae. selbst stolz erzählt! Es ist niemandem erlaubt, – ganz wörtlich wie Platon! – zu weinen oder kummervoll dreinzuschauen. Sie müssen sich sogar bekränzen, und fröhliche kriegerische Lieder erschallen lassen.) Und dann treten jeden Tag eigens ausgebildete ‹Staatsredner› vor die Leute hin und reden sie als ‹freiestes Volk› an; aufreizend rote Tücher bauschen sich, geschulte Chöre jubeln Heilrufe dazu – man befahl uns aufzulodern in männlichem Zorn – Und das Tollste ist: 90 von 100 Römern sind fest überzeugt, daß es nichts Besseres und Menschenwürdigeres und Freieres und – ach was ihr wollt gebe, als Rom!! – Widerlich, widerlich! – 2 Kamele sind krank; Verdauungsschwierigkeiten. –

10. Tag

(1590,55 ± 4,06; es kann ja nicht stimmen; der Fehler muß schon viel größer sein! Ich hab' keine Lust mehr! –) Am Nachmittag zeigte Mabsut mir die letzte ihm bekannte Wegemarke; eine kleine Steinplatte auf einem flachen Felsenrücken zur Rechten. Ich fragte ihn nach dem Namen (um doch etwas zu sagen); und er murmelte ein paar seiner barbarischen Rauhlaute, drehte gleichmütig den Kopf.

11. Tag

(1786,86 ± 5,18) Grauenhaft einförmig und ermüdend; wir mußten fast dreizehn Stunden gehen, um die 50000 Schritte vollzumachen. Wir waren am Ende alle hundemüde; und ich setzte deswegen bei der kurzen Fehlerbesprechung durch, daß wir 1,12 Stadien als Schwankung in die Endzahl aufnahmen.

Deino hatte leichtes Fieber und war deshalb ganz wach und gesprächig – ich mußte ihm vom Nordrande des Pontos erzählen und wurde selbst wieder erregt und klirrend dabei, wenn ich der ewigen Skythenkriege gedachte und der zerstörten Städte. Ihm ist diese Welt noch fest und zuverlässig; Besitz gut und unvergänglich; Kelainai seine Zuflucht. Ich dachte daran, wie ich, 2 Säckchen auf der Schulter, aus dem brennenden Tor der Heimatstadt geschritten war. (Futter in dem einen, alpha Lyrae in dem andren). – Das werde ich nie vergessen, wie ich zum letzten Male vor meinen Büchern stand und mich abwesend in den Räumen umsah; glücklicherweise war noch etwas Schnaps im Spind gewesen, und der Körper quälte mich nicht, ich fühlte ihn nicht, die leichte Last nicht, und auch der inferiore Teil des Geistes, der diesen schäbig umgehängten Leib beordert, war von mir getrennt. So konnte ich breitbeinig dastehen, die Hände in den grünen Manteltaschen (denn es war schwarz-weißer Winter draußen, und Naßluft schüttelte kurzstößig). Der Kopf schwebte im Raum. In dem es ganz still war. – Was will zischelndes Sandrascheln und der Mondtrümmer im Sterngesplitter? Schritte flüchten nach überall.

12. Tag

Nordwind mit Sandgewölk (klingt wie ein Menü); in den Schwaden huschen Schatten. – Ich habe fast 4 Stadien Fehler befohlen, weil ich während des größten Tagesteiles die Sonne nicht sah, und so die Südrichtung nur erahnte. Na; wir latschen halt drauflos; in Eratosthenes Namen. –

Wenn es der Menschheit nur bald gelänge, sich zu vernichten; ich fürchte zwar: es wird noch lange dauern, aber sie schaffen es bestimmt. Fliegen müßten sie auch können, damit man leichter Feuerbrände in die Städte werfen kann (ein schönes Bild: vielleicht ein bauchiger erzener Nachen, aus dem ein paar Gepanzerte höhnisch brennende Scheite schleudern, während man von unten mit heulenden Pfeilen nach den schuppigen Unholden zielt. Auch flammendes Öl könnte man gut aus stählernen Kannen gießen. Auch Gift. In Brunnen. Zur Nacht). Nun, sie werden's schon schaffen (wenn *mir* schon so viel einfällt!). Denn alles verkehrt sich ihnen ins Böse. Die Schrift: sie ist bestimmt, ewige Dichtungen oder Weisheit oder Erinnerungen aufzuzeichnen – sie aber schmieren Myriaden von Schundromanen und Hetzschriften. Was gerät ihnen flink aus Metallen? Schwerter und Pfeilspitzen. – Das Feuer? Schon qualmen Städte. Und auf der Agora drängen sich die Taschenspieler und Klopffechter, die Beutelschneider, Kuppler, Quacksalber und Huren. Und bestenfalls sind's noch Schwachköpfe, Gecken und hirnlose Brüller. Und jeder von all diesen ist selbstzufrieden, tut würdig, neigt sich höflich, bläht plump die Backen, schwingt die Hände, glotzt, schnattert, kräht. (Sie haben viele Worte: Lebenserfahren: ist einer, der genug kleine Schurkereien kennt. – Abgeschlossener Charakter: hat endlich alle Ideale verlernt. – Gewandtes Auftreten: frech und längst schon hängensreif.) Das sind die Kleinen; und die ‹Großen›: jeden Staatsmann, Politiker, Redner; Fürsten, Feldherrn, Offizier erwürgt auf der Stelle, ehe er Zeit und Gelegenheit findet, auf Unkosten der Menschheit den Namen des ‹Großen› zu erwerben. – Wer nur kann groß sein? Künstler und Wissenschaftler! Und sonst niemand! Und von ihnen ist der kleinste Ehrliche tausendmal größer als der große Xerxes. – Hätte ich von den Göttern 3 Wünsche frei, so wäre einer davon, sofort die Erde von der Menschheit zu befreien. Auch von den Tieren (sind auch schon zu böse). Die Pflanzen noch besser (außer den Insektenfressern) – Der Wind wird stärker.

13. Tag

(2152,04 ± 11,12) Die geringste Leistung heut; 160 Stadien. Die Böen drehten sich aus allen Richtungen, und es war ein höllisches Torkeln.

Außerdem wird der Sand immer feiner und ist ziemlich tief; da wird man schnell müde. Gegen Mittag ein paar haushohe rote Felsklötze.

Als wir am Abend (zum erstenmal ohne Feuer; das Holz wird knapp) träge an Ballen gelehnt saßen, kam Mabsut in unseren Kreis und wies mit vorsichtigen Worten darauf hin, daß wir zwar noch für 8 Tage Wasser hätten, aber – Pause. Dann begann er betont, daß man also ohne Gefahr höchstens noch 1 bis 2 Tage weiter nach Süden könne (höflich fügte er hinzu: wenn wir natürlich noch Wasser fänden . . .). Ich übersetzte und schickte ihn weg; für Aemilianus schien die Umkehr eine Selbstverständlichkeit; und er schlug vor, sogleich mit den langwierigen Endbeobachtungen zu beginnen; wir müßten immerhin – 2000 Stadien – wenn man die früheren Messungen zugrundelege – etwa 4 Grad Breitenunterschied –? Ich erwiderte kalt: »Wir gehen weiter.« Er schien es gar nicht anders erwartet zu haben (kennt er mich so gut?), runzelte nur leicht die (weiße!) Stirn, und begann von neuem (mit Nachsicht; wie man zu einem begabten, eigensinnigen Kinde spricht) die Umstände darzulegen. Stille. Wind strich rauschend über den kalten Abendsand. Ich versprach dem Wind: »Wir gehen weiter.« Im Nordosten wölbte sich, drängte sich neblig, wuchs hüglig, ein Lichtdunst über den klaren Horizont; bald würde der Mond aufgehen. Nach einer Weile erwiderte Aemilianus kalt: »Nun, du mußt ja schließlich vor Eratosthenes das Ergebnis verantworten.« – Er sah auf seine beherrschten Finger und fuhr ruhig fort: »ich jedenfalls werde nach diesen, von dem Nasamoner erwähnten 2 Tagen umkehren. Wahrscheinlich wohl mit den anderen, wie?«

Nachts

Ich habe mich nun entschlossen; mein Gepäck ist bereit. Die Bücher, ein Messer, ein Stück Brot (und eine Handvoll Süßdatteln) und den Schnapskrug (voll!) am Strick um die Schulter gehängt. Bogen und 3 Pfeile.

14. Tag

(Noch an derselben Stelle!) Gerade als wir aufbrechen wollten, staubte es leicht und goldig im Westen; schnell waren ihre Reitkamele! Es sind nur 4 Männer (und 2 davon alt), so hatte niemand Befürchtungen, aber 10 Kamele (6 für Proviant und Gerät, die Mabsut gleich nickend und neidisch musterte). Sie stiegen unverzüglich ab und schritten schön und würdevoll in unseren Halbkreis, blitzende Augen in den tiefbraun gefurchten Gesichtern; goldrote und schwarze Gewänder. Ich klatschte sogleich entzückt in die befehlenden Hände und rief Mabsut zu, wieder abzuladen, was er, zuerst mürrisch, dann pfiffig lächelnd, mit dem anderen Schwarm vollzog. – Wir sitzen im Kreise.

Mittags

So. Hastig etwas gegessen. – Der eine, Alte, hat den Beinamen ‹Beschar› d. h. ‹Der Reisende›, und er weiß viel von der Wüste (als ich den hohlen Berg andeutend erwähnte, warf er scharf den Kopf nach mir herum. Schon verschweigen wir also ein Gemeinsames. Sehr gut). Sie kommen weit aus dem Westen, seit 9 Tagen unterwegs, und wollen nach dem Ammonium, aber zuerst über einen anderen Platz, den er Dscha-lu oder ähnlich nannte. In unserer Richtung weiß er nur noch, daß nach etwa 2 Tagereisen eine öde Bergwildnis beginnen mag, mit heißem düsteren Gestein, und dann? er zuckte die Achseln; die Wüste geht weit in die Unendlichkeit (ah, wie ich die Fäuste krampfe vor Eifer: unendlich! Und nur immer wieder das Sandmeer und schwarzes Geklipp, wie Treppen der Hölle; unendlich und Einsamkeit – ich hieb die Faust in den Sand; ich versprach der Unendlichkeit: »Ich gehe weiter!«) –

Nachmittag

Wir haben ein lustiges Bogenschießen abgehalten. – Halt: erst etwas anderes! Ich fragte Beschar immer weiter, und er sagte, einmal, vor vielen Monden, sei er selbst bis in die ersten Ausläufer jenes Berglandes verschlagen worden, und es wohnten ‹Dschinnen› dort. Wenige. Dschinnen. – Er (auch sein Begleiter) haben Spuren gesehen; den linken Fuß eines Mannes und daneben den Abdruck einer riesigen Vogelkralle. Er lächelte erhaben und listig und sah mich an. Der Silberbart ruhte auf seiner breiten Brust und spann sich über den schimmernden Gürtel; weit floß das Gewand in feuerfarbenen Falten, unter deren goldumranktem Saum ein durchbrochener gebogener Spitzschuh hervorsah. – (Er verwandte kein Auge von mir; mag wohl mein Gesicht unverhohlen gewesen sein. Ich neigte mich oft, und er winkte lächelnd und langsam mit der reichberingten Hand. – Schmuck ist doch wohl schön.) – Bogenschießen: Mabsut trieb einen Pfahl in den Sand (er hielt natürlich nicht; so baute er Steintrümmer herum), stellte einen dunklen hölzernen Becher darauf, huschte weg. Selbst auf 60 Schritte trafen ihn nur 4 : 2 der Fremdlinge (Beschar und einer der anderen mit kohlschwarzem keilförmigem Bart und glühenden Augen), Deino (aber wohl aus Versehen) und ich. (Mein alter Bogen war geschmeidig und im besten Zustand und meine Hand sicher – ah!) Auf 100 Schritt schoß ich ihn mit dem ersten Pfeil, der zweite saß einen Fingerbreit tiefer im Pfahl (das Holz splitterte von der Wucht nach oben auseinander und hob den Becher schräg an), der dritte durchschlug den gewölbten Rand des Gefäßes und flog pfeifend weiter. – 150 Schritte: es war zu weit. (Bei Windstille wäre vielleicht noch eine Möglichkeit gewesen.) Die ersten beiden gingen vorbei, der dritte stieß den Becher so, daß er herabfiel. Beschar aber hob die Hand in den Wind, dann legte er einen dunklen Pfeil mit schlanker silberner Spitze auf, zog an und schoß, daß das edle Metall die rissige Höhlung wie ein Blitz spaltete. Dann ergriff er meine Hand und sprach gütige Worte; wie er sich freue, daß so seltene Schützen ins Sandmeer zögen (einen seiner Pfeile hat er mir geschenkt). Seine Gefährten hatten lautlos ein schwarzes Zelt entfaltet; drinnen fragte er mich, was wir hier täten; lächelte und runzelte die Stirn. Ich verschwieg ihm wenig. Am Abend bin ich ins Zelt geladen.

Kurz zuvor

Ich hatte mich in dem klaren und windigen Nachmittagsgold eine Stunde in den Schatten des Zeltes gelegt und war sogleich eingeschlafen. Ich schlug die Traumaugen auf und befand mich an Bord eines Schiffes; als ich über die metallene Reling sah, deckte ein schwerer Nebel das nächtige Wasser, so daß nur dicht an der Schiffswand die kleinen kalten Wellen sichtbar dahinstrichen. Ich stolperte im leichten Wiegen des Decks durch das Gewirr von Taurollen und eisernen Winden auf die Kajüte zu und sah durchs Fenster hinein, wo auf dem Tisch eine alte Karte lag; der Kapitän lehnte darüber und maß mit gezähnten messingnen Scheiben und Dreiecken, daß ich kein Auge von ihm wendete. Eine klare traurige Stimme begann neben mir zu murmeln, schwand, sprach, schwieg; ich merkte mir nur den Namen des Schiffes ‹Uatzinta› und wandte mich wieder zur See. Der Nebel hatte sich etwas gehoben, und ich sah, daß wir durch enge Kanäle flossen, weit mochte sich umher ein flaches trübes Sumpfdelta hinziehen (nur einmal glitt rasch ein Streifchen reinlichen Kieselufers vorbei). Ab und zu kamen schon halbverfallene Hütten; schwere Steinränder, aber grün schlüpfrig und naß, begannen die schlaff gluckenden tiefen Wasseradern zu säumen; vereinsamte Häuser erschienen, düster und feucht gefleckt; Aschtonnen, Abfallhalden und öde Baugruben der rußigen Vorstädte, eine häßliche gerade Brücke hallte hastig und tonlos dicht oben und war ein trübes rattiges Tor. Bei Speichern und feuchten Kohlenlagern stierten Mietskasernen aus schwarzen Fenstern, Kinder spielten langsam im Müll der Höfe, Weiber keiften. Wir standen mürrisch unruhig an Deck und wurden unaufhaltsam vorbei geführt; höher wurden die Häuserblocks, Kähne schlappten am algigen Bollwerk; dann glitten wir in ein mäßiges Becken, und das Schiff legte sich selbst längsseits der niedrigen Mauer an dem weiten Platz; ein einzelner Beamter warf uns mit fiebrig

zuckenden Händen ein rotes Tau zu, schlang es um die platten Poller-
köpfe; zickzackte fort, geduckt; nichts weiter. Wir waren nun alle an
Deck und sahen verstört das Treiben der Riesenstadt. An dem kahlen
Platz uns gegenüber ragte ein gigantisches Bauwerk; über die ganze
Front wallte leicht schwebend ein Vorhang aus feuerfarbener Seide, die
mit mannshohen rostbraunen Blockbuchstaben bedruckt war und grelle
Vergnügungen pries. Volk strömte geschäftig, grau näßte die Regenluft;
manchmal sah einer flüchtig zu uns herüber. Mädchen mit Schulter-
tüchern riefen uns locker an (gelbe Ratten fuhren da durchs Wasser mit
glasigen Schwimmhäuten), auch Gegenstände warf man herüber, Dös-
chen mit Nichtigkeiten, Zettel, ein dickes blutrot gebundenes Buch (das
ich an mich nahm! Ein Buch!). Es polterte in der Kajüte, der Kapitän
sprang die wenigen Stufen herauf, legte die Hand vor die Brust und rief
halblaut: »Wehe uns! Wir sind verloren; denn dies ist Weilaghiri, die
Höllenstadt! Keiner verlasse das Schiff, denn am Land seid ihr in
entsetzlicher Gefahr; werft auch alle diese Geschenke fort.« (Und fortan
sollten stets zwei Mann, einer am Bug, der andre am Heck, wachen und
rufen: »Gedenket der Götter! Haltet böse Gedanken fern!«) Und während er wieder hinab eilte, weiter in den alten Büchern Bericht und Rat
für ein Entkommen zu finden, sahen wir mit dumpfem Wundern, wie –
es mochte wohl Mittag sein – auf der höchsten Spitze eines fernen
Turmhauses ein wüster Riese erschien, in rotem Gewand, kupferne
Hämmer in den Fäusten, die er an eine dröhnende Scheibe hieb. Da
hielten alle wirbelnden Bürger still, sahen aufmerksam hinauf und
brachen dann in ein schmerzliches und grelles Wildlachen aus, daß wir
schauernd die Brauen und Schultern zogen. War das ihr Gottesdienst? –
So lagen wir tagelang und warteten und sahen das Treiben, da ging
unser Trinkwasser aus. Und nun *mußte* einer hinein in die Stadt, ich
meldete mich. Der Kapitän zog mich in sein Zimmer und gab mir einen
weiten Umhang, rot von außen, rauchblau die Innenseite. Wenn ich ihn
rot trug, glich ich einem Bewohner der schlimmen Orte; gewendet
machte er den Träger unsichtbar, nicht ungehört. Ich bereitete zwei
schlanke Amphoren, mir an Stricken um die Schultern zu hängen, und
in der nächsten Nacht, als der Mond grünlich in einen bleichen Nebel
stierte, sprang ich hinüber. Und ging nun jeden Abend durch die
Straßen und Gassen; sah die grellen Lichter der Schaufenster und die
lärmenden Spelunken, sah Verbrechen und Laster, tausend Gesichter,
zehntausend Gesichter, hunderttausend. Hier war immer Herbst. Öde
die Vorstädte; schiefe Zäune faulten um graue Felder. Ich schlürfte in die
Torwege und plauderte schlaff mit bummelnden Burschen und mageren

Frauen mit schäbigen Einkaufstaschen. Vor einer Kneipe hockte eine billige Statue: der Fiebergott, mit dem Fuchsgesicht, dem Bündel roter Pfeile vor der Brust. Höker gafften fett aus schmierigen Regalen; Feuer kam, Krankheit und Krieg, oh Weilaghiri. – Ich erwachte, versank wieder halb und erfuhr noch dämmernd, daß sich einer der Mannschaft opfern müsse; vor dem Rathause der Stadt stünden erzene Bilder von Raubtieren, im Rachen des einen läge ein Pergament, das uns den Rückweg angäbe. Aber der metallene Schlund zerknirsche dem Mutigen die Hand, und während das Schiff ablege und vorm Winde davon triebe, würde jener in höhnendem Zuge zurückgeführt und unter scheußlichen Qualen hingeschlachtet. Bereue er da seine Opfertat, so werde auch das Schiff noch von herabstürzendem Feuer verzehrt. Ein junger Matrose fand sich; wir fuhren hastig zurück; einmal fiel fern Geflamme herab: aber wir waren wohl schon zu weit – siehe, da stand die Wüstensonne fern vor mir Aufspringendem, schon dicht über dem Horizont. Ich traf Beschar und erzählte ihm. Er hörte zu. Aemilianus kam heran und fragte: »Soll ich die Endbeobachtungen machen? Es wird wohl Zeit –« Ich rief hastig über die Schulter: »Wir gehen weiter.« – Nun richte ich mich für den Abend her (‹schön› machen).

Jetzt

Lockige Feuer in der klaren Nacht; die Flammen sprudeln still. Und emsig wirbelt mein Herz; was wird mir noch begegnen? (Ich habe einen winzigen Schluck getrunken und in die Sterne gesehen, Kopf im Nakken, oh – als ich jung war: In weißer Nacht schwimmen Wolken am Himmel, »Heil Luna« rufen lustige Zecher. Die dunklen Gassen, sie schwanken vor ihnen, zu Schlangenwegen gemacht vom Becher. In träumenden Gärten quillt kühler Flieder, sie streicheln die Bärte, sie schmunzeln und irren. Aus Ebenholzwolken mit silbernen Rändern sehen sie lautlos Sternschnuppen schwirren. – Selige Silberbläue, ewig bin ich dein!) Stirnrunzeln. Wegschütteln, sie warten sicher schon im Zelt.

Zelt

(Innen ist es ganz hellrot gefüttert, mit reichen goldenen Ranken drauf. Die schöne Luft; man taucht lächelnd in die goldige Überhelle.) Verneigungen, ein heißes Getränk in biegsamem Silberbecher. Wir ruhen auf runden Polstern. Beschar scheint gesprächig, denn er bildet gar viel einleitende Worte. Pause. – Er beginnt; endlich, langsam (es ist ja auch lange her? – oh: 100 Jahre!) : Ein Prinz (gut; da ist man schön und biegsam jung und märchenschlank); und ein mißtrauisch harter Vater, der einen (natürlich ungerechten!) Krieg verliert. Da bricht der Feind ins

Land, zehntausend bärtige Reiter sprengen im Mäntelgeflatter heran; böse Augen drohen in alle Zimmer. Stolpernde Kinder ducken sich schreiend ins Faltengebläh der Portieren. Und Flammengerten schlagen das zerknallende Wandgetäfel (ich schlucke Bitterkeit: brannten da nicht auch Bücher? Und er nickt unerbittlich: auch Bücher!!). In den vertrockneten Brunnenschalen schwebt Qualm, Glutflächen glotzen aus jedem Raum, rotkörniger Nebel schleicht ein – all dies war weit von hier im Westen. (*Und* im Osten, *und* im Norden, *und* im Süden – oh, ich weiß, ich weiß!) Von einem Hügel sieht der Prinz die flache flaumige Rauchblase über der Stadt, federgrau mit roten und schwarzen Adern. Auch sein Pferd blutet am Hals; da füllt er noch einmal verstörten Mundes den Wasserschlauch in der Felsenkluft, schnallt ihn hinter den Sattel und reitet im Schritt in die Nacht. Nach Südosten (nickt Beschar mir zu und reicht mir den Silberbecher: klar und feurig rollt das Getränk in mich). – Da war nichts als Sand und Geröll; glasige Goldhitze sank aus dem Sonnenloch, feuerflockige Luft keuchte am dörrenden Mundsaum. Am zweiten Tage trieb er den Rappen zurück, warf sich den schon halb eingefallenen Schlauch über die Schulter und schlürfte weiter in den grün verdämmernden Abend. Mond flog auf, die schmale Silberschwalbe, in den Samt der Nacht; schweigend tanzten die strengen Sterngeister um den Fröstelnden. Da das Wasser an einem Vormittag ausging, sah er dicht vor sich die rötlich und dunkle Steilkante eines Hochlandes. Als er durch Felsengewirr sich bis an ihren Fuß gearbeitet hatte, sah er bestürzt die wilden Mauern unabsehbar nach beiden Seiten laufen; Geröllhalden körnten blockig vor; lange Schatten hingen verrenkt im schweigenden Geklüft; himmelhoch neigte sich die Wand über den Zurücktaumelnden. Als er nach Stunden ihren Anblick ertrug, begann er den Anstieg; in Spalten, ohne Schuhe, daß sein Fuß Steine umklammere. Zerbrachen die Nägel; die Haut der Hände zerriß; nach Stunden hing er noch in der Mitte der Wand. Die feuchte Stirn sank ihm ans Gestein. Sein Herz glockte hohl und lose unter ihm; dann stieß er den Dolch in den nächsten Felsenriß, der fein wie ein Frauenhaar über ihm lief, und zog sich weiter. Gegen Abend verfärbte sich das Schattenvolk und dehnte kaltblaue Gleiteglieder; die Wand errötete in grauser Zärtlichkeit; Kälte hauchte seufzend und fremd aus der unnahbaren Höhe. Als die Dunkelheit sank, zerrte er sich über den Rand und blieb auf Händen und Knien liegen. Eisblauer Nachttau deckte kristallmaskig sein Gesicht; stundenlang. Als er wieder den Kopf hob, sah er im Lichte des wachsenden Mondes, der seinen Schatten winzig vor ihn warf, ein weites schier ebenes leeres Hochland. Nur fern, ihm gegenüber, schien ein schimmernder Streif den Horizont zu begrenzen. Erfrischt von Kälte und Feuchte erhob er sich und schritt dem Scheine zu. Gegen Mitternacht war er schon nahe der Stadt, die hell und leer vor ihm lag. Offen das Silbergitter des Tores, er ging wie auf Fußspitzen in den breiten schönen Straßen. Stille wehte aus den hufeisenbogigen Pforten schimmernder Paläste; in leeren Höfen, windigen Höfen, fiel flatterndes Wasser klatschend in Brunnenschalen; über die Plätze rief einförmig der Wind in der Mondstarre. – Ich sprang auf; ich fragte heiser und beherrscht: »Er war immer nach Südosten gegangen?« Beschar hob verwundert aber verstehend die Brauen und strich langsam sein Kleid – »nach Südosten – « sprach er langsam und zerstreut »– ja –« und lächelte spöttisch und abwesend; da neigte ich mich rasch, für einen Augenblick Zeit erbittend, und sprang hinaus.

Draußen glänzte alles, selbst ein Stück Mensch, ich stand wie in einem blauen Stein: so fremd war die Nacht. Ich lief leichtfüßig zu meinem Bündel, zog die Amphora heraus und hob sie mit beiden Händen in die Sternensaat; dunkel und klangvoll schnalzte der Gaukeltrank, wogte mir kalt in den Mund, silberschwarz und glatt im Mondlicht. Ich wollte zu lächeln anheben, grundlos und weise – da sprach es unweit, und mein Gesicht erstarrte vor Ekel ob der Stimme. Aber als ich grollend hinübersah, siegte gar der Zorn; denn – richtig: Aemilianus hatte die Dreifüße und Röhren aufgebaut, machte die Endbeobachtungen, und Deinokrates half ihm dabei. Oh, ihr Hunde! Sie sahen mich und zauderten kaum merklich; dann sprach der (auf dem Rücken liegende) lateinische Patriot affektiert kalt weiter: »4 Grad, 2 Minuten –« – da war ich mit ein paar Sätzen bei ihnen. Ich trat dem Reptil die Röhre ins Gesicht, daß sie sich bog, und zerbrach das schwere Gerüst mit einem Armschlage. Er rollte sich zurück und sprang auf mit weißem Gesicht, zur Maske gebogen vor Wut. Hätte er mich doch angesprungen; er hätte keine Minute überlebt, obwohl der Stilus in seiner Faust lag, aber Deinokrates hing ihm schon an Arm und Nacken und rief auf ihn ein. Er wurde auch sofort wieder ruhig, barg die Wachstafel im Busen; und sagte eisig zu D.: »– natürlich hast Du recht!« und wandte sich zu Mabsut und den anderen, die durch den Lärm erwacht, herbeigekommen waren. »Garan ateidji sumruk – wir wollen uns fertig machen –« siehe da! Auch nasamonisch spricht der Bube!

3 Stunden später (Allein)
Nur ganz kurz: ich strich mir die Stirn und wollte zurück (ins Zelt), da sah ich, daß einige der ‹Unsrigen› sich an Beschars Eigentum vergreifen wollten und schon an den Packsätteln tasteten. (Es waren ja nur 4 Mann,

nicht wahr?!) Ich rief die Fremden heraus, schlug Mabsut, dem Scham-
losen, die Faust in die Fratze, daß die dürre Katze torkelte, und half ihnen
beim Beladen. Doch ließen wir die Bogen nicht aus der Hand; und das
half. Kurz bevor die Sonne aufging, sprangen sie auf die schlanken
Reittiere; weit begann Beschars Mantel zu rauschen wie dunkle Fittiche,
die Augen glühten mich an. Dann warf er den Arm in die Luft, stieß
einen tiefen hallenden Schrei aus und sprang an die Spitze der Davon-
stiebenden. – Noch sah ich ihre Gewänder morgenrotgesäumt, da saßen
auch drüben die im Sattel. Im Viertelkreis um mich her. 30 Schritte
Abstand. In ihrer Mitte hielt Aemilianus, der neue Herr, mit Lump
Mabsut und dem Kind Deino halb hinter sich (symbolisch!). Er führte
ein leeres Kamel am Halfter und sprach mich an (geschäftsmäßig,
ruhig): »Wir kehren zurück; die Gründe weißt Du. Da Du nicht mehr
fähig bist, den Meßtrupp zu führen, habe ich nunmehr die Leitung
verantwortlich übernommen. Ich ordne deshalb an, daß Du dieses
Kamel besteigest und mir (‹MIR!!› nicht etwa ‹uns!›) folgst.« Also sprach
Aemilianus. 30 Schritte. Da schob ich den Bogen zwischen die Schenkel,
krümmte ihn langsam, hängte die Sehne ein und prüfte sie mit dem
Finger: das klang wie helles Vogelzwitschern. Und als ich den Kopf
hob, siehe: da waren es 50 Schritte geworden. Und ich sog die Brust voll
Luft und befahl: »Absteigen! Wir gehen weiter nach Süden!« – Da
zuckte Aemilianus lachend den Kopf über die Schulter zurück nach
Mabsut, und auch jener grinste amüsiert. Der neue Leiter warf verächtlich die markige Römerhand in die Luft und rief, indem er den Kopf
seines Tieres nach Norden drückte: »Krepier, versoffnes Griechen-
schwein!« Langsam schritt die Karawane davon. Ich wählte Beschars
Pfeil; da verstummte der Wind. Noch einmal hielten die Brüderlichen,
genießerisch lässig gelehnt; und es waren nun 150 Schritt. Da zog ich die
Sehne an, an, durch, bis zur Brust, an – und ließ los! Er wandte just
wieder das Haupt, gewiß formte sein Mund einen neuen gelungeneren
Satz, lächelte er nicht höhnisch? – Da fuhr seine Hand zur Gurgel; er
taumelte, wankte im Sattel und ich sah, wie aus dem Genick blinkend
die Silberspitze hervordrang. – Mabsut fing ihn im Niedergleiten,
drosch mit der freien Hand auf die Tiere; sie verschwanden im Sandmeer. –

Allein (und Vormittag, ach!)
Allein! Allein!! – Ich möchte eine Hymne singen. Ich bin so glücklich.
(Auch Helios ist allein, oben im Seidenblau. Wie wird er lachend am
gebogenen Bugschnabel seines Nachens stehen, übermütig; und selig
langsam dahingewiegt. Und hinter ihm, auf den ebenen Goldplanken,

werden auch Schriftrollen liegen, denn es gibt keine Seligkeit ohne Bücher!) Und da sind sie alle 5 in ihren wasserdichten Überzügen: Die Zahlentafel, die unterirdische Reise, der traurige Ritter, die Felseninsel, und der Auswahlband mit dem Wassergeist, der Vogelscheuche, der goldenen Amphora, dem Agathodämon und der 4-fachen Mandragora. Brot; Datteln; das macht alles ein leichtes Säckchen. Der Krug am Strick; ah, er flutet noch fast voll. Der Dolch kommt in den Gürtel. –

1 Stunde später

Als ich aufbrechen wollte, blieb nur der Bogen. Ich hatte noch einen letzten Pfeil; über den sprach ich einen Fluch und sandte den Pfeifenden nordwärts, den Hunden nach. Den Bogen zerbrach ich, die Stücke stieß ich in den Boden. Dann ging ich eilig eine Stunde südwärts, daß mich niemand mehr fände; und schon nach 100 Schritten begann sich der Sand vor mir leicht zu kräuseln, Wirbel stiegen lockig auf, Schleier wallten mattgelb und staubstumpf. Ich hob den Mantelzipfel vor den Mund, und entschwand den Menschen. Nun liege ich an einem Felsblock; immer dichter mischen sich Luft und Sand: – ein tiefer Schlaf –

Abend

Ich schlug die schöne schwere Sanddecke zur Seite und sprang in die seidengelbe Abendklarheit. Kühler Wind ging nah vorbei wie ein schlanker Knabe mit Sternen in den Händen; muß nicht auch bald der Mond voll sein? Nun, es ist Zeit zu wandern. Nach Süden.

Morgen

Ich lief die ganze Nacht, und muß eine gute Strecke zurückgelegt haben. Heller Mondschein. Zuweilen fiel ein Sternfunken; bläulich flimmerten sie alle. – Ich fühle zum erstenmal Durst (ist aber noch erträglich, dadurch daß ich nachts gehe, komme ich noch ein Stück weiter). – Es ist sehr schwer zu schätzen, wie weit das Hochland noch weg ist. Beschar sagte nur, der Prinz kam von »weit aus dem Westen« und ging nach »Südosten«. Demnach muß ich die Felswand erreichen, wenn ich nach Süden vorstoße. Ganz klar. – Aber wann. Und an welcher Stelle? – Schlafen. – Gegen Mittag erwachte ich; vor Durst. (Ich hatte sogar schon geträumt, daß ich vergeblich versuchte, aus einem Aquaedukt zu trinken –) ich runzelte die Stirn und schlief wieder ein.

Abend

Kalt; ich habe einen Schluck getrunken. Schön. – Läuft sich gut in der Kälte. Lange hinter Mitternacht wurde der Boden härter; Fels. Hallschritt. Hochmond. Schlangenwege zwischen einzelnen Blöcken.

Sonnenaufgang

Ich sehe es! Ich sehe es! – Etwa 40 Stadien von mir beginnt ein Gewirr von dunklen Hügeln, Riffe und Steinkämme, Kuppen, lange Rücken. Das muß das Vorland sein (vielleicht sollte ich doch mehr nach Südwesten halten?). – Ich wollte eigentlich erst bis in diese nächsten Ausläufer hin, aber mich überkam plötzlich eine tiefe rote Schwäche. Und mein Felssitz wogte mich weit und langsam wie eine Schaukel. Mir ist auch wohl heiß und töricht; verdammt. – Muß erst schlafen.

Mittag

Das hat keinen Sinn; ich will mir nichts vormachen: ich habe Fieber! Wie das ungelegen kommt! Ich bin andauernd wach geworden; heiß und eiskalt, immer abwechselnd. Und der verfluchte Durst. Ich werde mich in der nächsten Fieberpause anständig vollaufen lassen, und das Quantum wird hoffentlich die paar Stadien bis hin vorhalten. – Erst noch ein bißchen schaukeln. – so – verdammt! Jetzt ist's genug! Auf geht's! (Zur Silberstadt. Wo die kalten Brunnen rauschen – ach.)

Die Dunkelheit kommt

Der Weg war doch wohl länger, als ich geschätzt hatte (oder war ich schon so hin?). – Jedenfalls bin ich fast 6 Stunden mühselig gegangen. Allerdings schon ein Stück in das wilde Geklipp eingedrungen. Seltsames Land; fast senkrecht heben sich die schwarzen Wände (aber nicht sehr hoch; 3 bis 4 Mannslängen meist); bilden tiefe Pässe und Gänge, manchmal schier runde Plätze, und überall ist hellster Sand eingeweht. – Es scheint heute zur Nacht nicht kühler zu werden; die Luft ist heiß und klar wie zuvor. Will warten, bis der Mond kommt.

Mondzeit

Ganz bräunlich und golden ist alles. Und die schwarzen Zaubergassen. – Wenn ich nur gesund wäre (das heißt, ich bin ganz klar, nur der Kopf ist wie isoliert vom Körper. Er gehorcht kaum. Schmerzen gar keine). Jedenfalls muß ich weiter. – Ich habe noch ein wenig ins schöne hitzig schwelende Licht gesehen, und drei tiefe Züge getan. Ach war das kalt und heiß zugleich (es ist auch nicht mehr allzuviel drin; die Silberstadt möchte bald kommen). –

Im Sand

Plötzlich wurde das Licht noch heller und schöner, und das Blut klingelte heiter durch alle Adern. Ich sprang leicht auf und ging eilig tief in die wunderlich verworrenen Gänge hinein. – Natürlich immer nach Süden, mit einer kleinen Schwenkung schon nach Westen. Es war fast taghell, nur daß man sicher nicht so weit schauen konnte; und der Sand knisterte in der warmen Nacht. Ich hätte es beinahe nicht gesehen, aber die Schattenspur lief ganz gerade quer über den hellen leeren Platz. Mein Herz schlug hart und dann nicht mehr; ich lief schnell hin: da war es der

Fuß eines Mannes, deutlich erkennbar, in einem schmalen Schuh mit schönschuppiger Sohle; aber der nächste Abdruck (und ich atmete tief und tiefer) war der einer mächtigen starkzehigen Vogelkralle, und so lief die Spur hin: Fuß – Kralle, Fuß – Kralle. 10 Schritte vor der Felswand verschwand die Spur ebenso unvermittelt, wie sie angefangen hatte. Ich ging an ihr ein paarmal auf und ab. – Wenn der Dämon nur bald käme; noch bin ich scharfsinnig und voll Feuer; ich breitete die Arme, ich rief: »Ho!«. Ich wartete; ich hätte tanzen mögen im Goldlicht: »Ho!« – (Ich habe mich an die Felswand gesetzt; noch trage ich den Kopf im Nacken) – »Ho!« –

Gegen Morgen

Da vergingen mir die Sinne. Mir ist nicht gut. Und der Mond steht wie eine Kupferlampe hinter mir auf den Felsen. Jetzt ist's kalt. Kalt. – *Da!!*

Da ist er an der Felskante! Ein blasses starres Gesicht! – Die Amphora her! –

Er ist fort

Will. schnell. schreiben. Die Schnabelnase blieb stumm; ich grüßte ihn mit Haupt und Hand (konnt nimmer aufstehn) und rief: »Wie weit noch zur Silberstadt?« Er gluckte kurz und musterte mich kalt. »Und weiter dann«, sprach ich mühselig, »zu den Welträndern ins Menschenlose?!« Und das Fieber schlug mich hin und her. Er lachte gurrend und interessiert und schob sich höher über die Schwarzbrüstung; da trug er ein glutbraunes Kleid, ein rauschender Flügel schlug hoch und klemmte sich fest über den Stein. »Woher?« schnarrte er rabig, und mir fiel es ein: »Weilaghiri!«; er nickte überlegen, und ließ die euligen Augen wachsam schnell durch den Sternenkreis fahren. Knackte Nüsse. (Schnell. Mein Kopf sank schon einmal. Hoch damit!) Er sah die Bücher; kam fittigbrausend herab. Er trägt einen gebogenen durchbrochenen Silberschuh, den sah ich schon einmal. Er fragte: »Wo ist mein Pfeil?« Ich lachte böse und lautlos (meine Hände lagen im Sand, gingen mich nichts mehr an). »Aemilianus?« fragte er beunruhigt, und nickte dann zufrieden. Er hob lauernd den Kopf: »Du hassest die Römer?« Ich blähte den Mund, ich schrie wisprig: »Ich fluche allem Gemensch!« Da lachte er keckernd und tanzend, schlug brausend in die Flügel. Ein Sandturm stieg auf; er verschwand im Sandturm. –

Muß wohl Mittag sein

Ein goldener Bohrer fährt aus der Sonne. Kreisig und leer. Alles rundum; leer. Es sind auch gar keine Spuren im Höllensand. Ich schwinde.

Der Mittag geht. –
Die Dämmrung geht.
Der Abend. Voller Feuer –
Es rauschte über mir
Er fragte eilig: »Du lebst doch noch?!« Ich sah ihn an, fest, müde.
»Fliegen«, wollte ich. Er winkte feierlich im Silberbart, er beugte sich zu
mir: »Du mußt aber selbst kommen –!« meinte er mitleidig und
zögernd; schritt über den Platz, blieb an der Felsecke stehen und wartete.
Undurchdringlich. –
Ich wollte die Finger heben; sie waren reglos. Die Füße: fühlte ich nicht.
Ich sammelte keuchend allen Willen; Sterne hoben sich, silberne
Schwimmer im Abendmeer, tauchten, wogten, selig. Und kühl. Ich riß
die Rechte vor die röchelnde Brust; die Linke schlug wie ein hohler
Stein meinen Schoß. Zum Krug: der murmelnde Urnenmund neigte
sich über mich, und ich trank. Trank. (Menschen aus Dreck und Lehm;
zu mir mischten sich Eis und Feuer) – Er winkte huldvoll und ruckend.
Und ich steige leicht *empor* . . .

Dies schreibt Eratosthenes von Kyrene:
Mabsut führte die Karawane zurück. Aemilianus starb am nächsten
Tage (im Interesse der allgemeingriechischen Sache wohl nicht ganz un-
erwünscht). – Wie recht ich mit meiner Beurteilung des Philostratos
hatte, zeigt zur Genüge dies sein Tagebuch, das ich einen Monat später
anläßlich meiner erneuten großen Gradmessung in jenem Hügelgewirr
fand. – Er war ein langer kräftiger Mann von mittlerem Alter, mit
blauen Augen und welligem blondem Haar. Bezeichnend für seine
ganze Art war, daß er bei unleugbar großem Scharfsinn und sehr
vielseitiger Begabung dennoch phantastisch und schwärmerisch blieb,
wie man es zuweilen bei seltenen Jünglingen findet. Den besten Beweis
hierfür gibt die Aufzählung seiner Lieblingsbücher. Sein Urteil über
mich ist unerheblich; die Nachwelt mag entscheiden. – Die letzten
Fieberträume des Sterbenden scheinen einer realen Unterlage nicht
völlig zu entbehren; als wir die Scherben der Amphora untersuchten –
von ihm selbst und seinen Büchern fehlte seltsamerweise jede Spur –
flogen in großer Höhe zwei riesige Vögel über uns hinweg.

GADIR
oder
Erkenne dich selbst

52 Jahre 118 Tage
Zuerst pfiff der eine. – Als sie das nächste Mal vorbeischlenderten, war dasselbe näselnder Gesang: »Oh, Fräulein Mirjam: wenn ich mit Ihnen tanz' – tz tz, tz tz ...«, der Rest Lautmalerei, Schnalzen und Ft Ft; der Andre, wohl Ältere, lachte knurrig. – Schöner Mond; was man zur Hand nimmt ist aus Silber.

Postenwechsel war grade unter meinem Fenstergitter; man fragte: »Was Neues vom Krieg –?« (Es ist also Krieg irgendwo); gleichgültiges Gebrumm. –

Später: Karthago und Rom. Rom, Rom, Rom: das war doch der Mittelstaat, mit dem Massilia ab und zu Handelsverträge schloß, und der damals vorsichtigerweise auch eine Gesandtschaft an den Entdecker-jüngling Alexander sandte. (Wenn den selbst die Intellektuellen immer entzückt preisen, weil er weiter nach Osten, über den Ganges, weiter, wollte – ins Unendliche, sagen sie, und nehmen ihn gar noch als Galionsfigur für reines wissenschaftliches Streben! Dabei wußte er genau von Aristoteles, daß die Ökumene gleich hinter dem Ganges zu Ende sei, und hatte ganz real und heroisch kalt sein Ziel ins Endliche, nämlich in deren Beherrschung, gesteckt. Er war resolut und brutal, volkstümlich unbeherrscht: Kenner der Massenlenkung; auch Feldherr und persönlich tapfer, sogar Zeussohn, gewiß; aber das sind Vorzüge dritten Grades. Alexanderkult ist allenfalls Zwanzigjährigen verzeihlich; später wird man dadurch verdächtig; hinsichtlich Urteilskraft oder Charakter. Gilt auch für den Sohn des Ariston.) – Scheint hauptsächlich um Sizilien zu gehen; es schallt so verworren in den Mauern, und das ewige auf Zehenspitzen auf dem Tisch Stehen ermüdet scheußlich. Gleich ein paar Übungen gemacht: ich fühle mich doch noch recht kräftig (trotz Brot und Wasser und gesiebter Luft); bis zur Insel könnt' ich noch schwimmen; klar.

Gegen Morgen
Wieder Sizilien; ach, laß sie quatschen.

52, 119
Ungesundes Wetter, Brodem aus See und Lagune. Kam bis in die Zelle, in der ich mich fröstelnd wand. In der Jahreszeit ist eine Decke zu wenig.

Später

Zahlmeister Mago rasselte am Schieber, kommandierte: »Abschreiben, Alter!« und warf ein Bündel Rechnungen und Briefe herein: dazu bin ich gut, weil ich auch schön phönizisch schreiben kann. Meine mathematischen und geometrischen Hefte nehmen sie mir regelmäßig weg und schicken sie nach Karthago ein, »ob was Brauchbares drin ist« – No, so lern' ich wenigstens die Namen aller Dörfer und ihrer Bauern in der Umgegend, kenne sogar ihren Viehstand; das wird mir mal bei meiner Flucht sehr nützen (die Fensterstäbe sind Weicheisen; müßten mit jedem Stahlnagel, wenn auch langsam, durchzufeilen sein. Und ich muß doch noch einmal hinaus!) – Die Hunde! Seit zweiundfünfzig Jahren halten sie mich hier eingesperrt, weil es mir damals gelungen war, mich als Matrose auf ihre Schiffe zu schmuggeln und zweimal nach Norden zu fahren; Thule, Basilia, Abalus, Mentonomon. – Diesen kommerziellen Schuften ist die Kugelgestalt der Erde natürlich gleichgültig, da das auf ihren Warenabsatz ja keinerlei Einfluß hat – ich werde den Schweinen doch einmal geheimnisvoll Andeutungen über neue Ökumenen im Südmeer hinwerfen; oder wie man, ständig nach Westen steuernd, den Ostrand der unsrigen erreichen könnte: Indien! Und wer denkt da nicht an Gewürze, Gold, Profitchen? – Gute Seefahrer sind sie, brilliante Techniker, erfolgreiche; aber die Technokraten werden einst die Welt zugrunde richten –!

Also schön

kopieren wir (wie einst im Thargelion bei Gryphius, Massilia, Berufs- und Sportkleidung). Ob der alte Sophron noch lebt, und Stier Nikolaos; und Direktor Oikandros: brutal, kalt, rundherum glatt gebildet, dabei das seelen- und charakterloseste Reptil, das je die Embleme aller herrschenden Parteien trug – wenn ich ihn sehen mußte, fielen mir grundsätzlich leere runde Zimmer ein, blicklos nickende Vogelköpfe, und das Wort Hausenblase; so habe ich noch keinen wieder verachtet.

Mittag

Eben fertig; habe aber noch zwei Kopien zur Tarnung vor mir liegen – Ist heiß geworden; der See blitzt blau und weiß. Was muß das für ein brüllendes Ungeheuer sein, dort oben am Himmel, das die riesige Erde so zum Glühen bringt; und doch wollte Eudoxos von Knidos in seiner Nähe wohnen, um seine Natur zu ergründen. – Wenn Euch später einmal jemand fragen sollte, was den griechischen Geist vor dem barbarischen auszeichnete, dann erzählt ihm das. Und daß ich, Pytheas von Massilia, seit einem Halbjahrhundert hier in Fort Chebar bei Gadir dörre, weil ich den Norden der Erde sehen mußte! Und ich gebe Euch mein Wort darauf: ich werde ihn noch einmal sehen!! Ich werde, und wenn ich fünftausend

Jahre alt werden muß, um Euch Säue zu überleben; und keine Gelegenheit zur Flucht wird mir entgehen; keine Gelegenheit; keine Gelegenheit!! (Die zwei Stückchen Brot liegen noch im Versteck – ich war gleich aufgesprungen und hatte nachgesehen – und die Decke in zehn Streifen gerissen macht einen Strick; es fehlt nur eine Feile, oder ein – ach, irgendein Stahlscherben – verflucht. –)
Kalt ist es (mir jedenfalls; denn ich fröstelte).

Gleich danach
War eingenickt (ist eigentlich sonst auch nicht bei mir üblich); natürlich bei Gryphius im Kontor; Agathon, die Bauernlerge, faselte etwas von hundert blauen Tüchern für Emporium, und ‹Lieferungsrückständen›, und ich strich den Auftrag mechanisch von meiner Karte ab (war Lagerbuchhalter damals). – Am schönsten war die scharfe kühle Sommermorgenluft im Traum, alle Gegenstände klar mit weinigen reinen Schatten – so etwas sieht man nur als Jüngling.

Nachmittags
Morgen ist Bekleidungsempfang (kriegte 's reingerufen); das heißt seit drei Jahren wieder einmal Verlassen der Zelle, den bekannten Weg in die Kammer, zehn Minuten Musterung, und wieder zurück. – Immerhin; vielleicht kann ich dochmal irgend etwas finden. Zumindest wieder einmal neue Bilder.
Himmel glutblau und scheußlich wolkenlos (lieber ein Himmel ohne Götter als ohne Wolken!).

Nachts
Lange wach gelegen (bin wohl aufgeregt wegen morgen). – Man müßte doch aus der Länge der Finsternisse ohne weiteres die Größenmaße im Sonnensystem ableiten können: Die längsten Mondfinsternisse dauern so dreieinhalb Stunden; da nun der Mond täglich um etwa zwölf Grad zurückbleibt, macht das für besagte dreieinhalb Stunden etwa eineinhalb Grad, das heißt aber, daß der Erdschatten an dieser Stelle drei Vollmondbreiten Durchmesser hat. Da wir bei der unverhältnismäßig großen Sonnenentfernung nun den Erdschatten als dort ungefähr gleich (etwas kleiner in der Tat!) dem Erddurchmesser annehmen können, heißt das weiterhin, daß der Monddurchmesser etwa ein Drittel des Erddurchmessers mißt, also rund zwei Myriaden Stadien. Da wir ihn unter einhalb Grad scheinbarer Größe sehen, ist seine Entfernung folglich um zweihundertfünfzig Myriaden Stadien, usw., usw. – All dies läßt die seltsamsten Schlüsse auf unsere räumliche Situation zu; die Sonne ist mindestens hundertmal soweit weg, manche Planeten noch mehr; die Fixsterne entziehen sich jeder Vermutung. Manche leuchten

zornig rot, manche hausenblau; Algol im Perseus verändert periodisch seine Helligkeit: immer im gleichen Takt. Wir wissen noch viel zu wenig; so viel aber steht fest, daß in unsäglichen Raumtiefen die fürchterlichen Feuerdrachen stehen, Flammenzungen schwengeln sesamgroß (welch Wort!), Feuerfäuste rasen dröhnend auf Glutbrüste – – nicht dran denken, nicht; wir sind verloren. –

Noch Nacht

Banaler Traumfetzen: Ein kleiner spitzäugiger Mann im hellbraunen Kegelmantel, rechte Gesichtshälfte glasig vernarbt, hielt mir mürrisch ein Paar Holzschuhe hin. (Natürlich veranlaßt durch die Ankündigung); aber oft ist grade an solchen Sachen das meiste Wahres; früher ist es mir zuweilen geschehen, daß sich eben solche Lappalien genau erfüllten. Denn es gibt tatsächlich ein Vorhersehen im Traum; woraus andererseits sofort folgt, daß die Zukunft genau festliegt, jede Einzelheit; das heißt aber, daß es keinen freien Willen gibt, das heißt letztlich, daß eine begrenzte (allerdings sehr große) Anzahl Elemente sich nach ganz festliegenden Regeln kombiniert, eine Entwicklung, welche wir (eines ihrer Teilchen) nur feststellen und beschreiben können. –

Gegen Morgen etwas Fieber; – nicht gut! –

52, 120

Morgen vergeht; Vormittag; bin unruhig (verständlich, wenn man nur alle tausend Tage seine vier Wände verläßt, wie?). Gegen Mittag tobte eine grell gelb und braun geflammte Hornisse durchs Gitterfenster, schwang sich bogig wild und sinnlos: kleinfingerlang war das Unwesen! (Hab sie bald totgeschlagen; hinter ihr her gegangen, kalt und lauernd wie ein Schicksal.) Ich hasse Insekten mit einem Urhaß; als Kind hat es mich manchmal vor Wut geschüttelt, wenn ich junis im Hain ging, still stand, und oben in den duldenden Baumkronen das flüsternde Gefräß von Chiliaden Wurmkiefern hörte, es schlich, bohrte, sägte, saugte; Wespen stießen biegsame Klingen in bäumende Raupenleiber: dann schmatzte Wurm in Wurm. Als Knaben zogen wir tief aus den Riffen vorm Hafen Lakydon einen schwarzen Fisch, der war nur ein schwimmendes Raffmaul, zahnumstarrt. Seitdem weiß ich: Güte ist ein Widernatürliches, Widergöttliches (auch Widermenschliches wohl: ein ligurischer Söldner erzählte mir mal, oben, im Norden, wären Völker, die schnitten gefangenen Feinden beiderseits am Rückgrat herunter die Rippenspangen durch und rissen dann den noch Lebenden die Lungenflügel raus; ‹den Blutaar ritzen› nennen sie das! – Und denkt ja nicht, das wäre nur im Norden so. Menschen und Götter können sich die Hand reichen; sind einander würdig.).

Der Wärter

Bekleidungstausch erst morgen – – verflucht! –

Am Nachmittag ziehen Wolken auf; von Nordwesten her. –

Herodot ist das beste Beispiel, wie selbst große, tief gebildete, umfassende Geister lächerlich irren können, wenn ihnen die naturwissenschaftliche – vor allem mathematische – Bildung fehlt. Da hatte er etwas von der Rotundität der Erde vernommen, wie sie Pythagoras, Thales, Anaximandros schon vor Jahrhunderten gelehrt und bewiesen hatten – und er versteht dies nur von unserer Ökumene! Meint, es solle heißen, daß diese als kreisrunde Scheibe auf dem Okeanos schwimme, und macht dagegen natürlich auf Grund seiner guten und ausgedehnten topographischen Kenntnisse Front; beweist triumphierend die Falschheit solcher Ansicht, und – stößt ins Leere damit! – Er hatte nichts davon verstanden; das ist immer ein betrübliches Schauspiel und wird noch oft begegnen. Schade. Heiße dürre Stirn; die Hände schwächlich faul und heiß. Will zeitig schlafen gehn.

Wind rüttelt mich aus tiefer Nacht

Goldmond brennt auf am Festungsturm; in Märchenfernen reist ein Sturm, zaust und zaubert. Ich trage Krüge weinbelaubt; der Wein schwatzt innen laut. Mond reitet an mit Söldnerstern: das rasche Heer verbirgt sich gern hoch in Wolken. Die wilde Wolkeninsel steht mit Pässen, die kein Mensch begeht, und schroffen Silberklippen. Mond landet im Wacholdermeer; die kleine Stadt schläft hell und leer hoch im Bergland. Ich steige leicht wie Wind empor, zum Wolkenwald durch Wolkentor; weiß nicht, wie meine Spur verlor. Ich wandre mit der Wolke. – –

Ja; denkste!

52, 121

Grauhelle, und alle Sterne gehen aus wie Lampen. – Hab' einen Mund Wasser geschluckt; mir ist schlecht (vor Aufregung?)

Da

die Riegel klappen!! – Schnell Heft verstecken –

Zurück

Ich zittere am ganzen Leibe; ich …

Ich muß mich erst hinlegen (die Hand auf: es ist noch da! Zu wieder.). Ich möchte rasen wie unterm Thyrsos; jetzt noch eine Woche, Quatsch: vier Tage, drei vielleicht – Oh!!

Nachmittag

Nur den gewöhnlichen Alltagstrott nachahmen; keine Veränderung. Arbeiten werde ich nur im Dunkeln können; das heißt also am Tage schlafen. –

Schammai schloß auf (war noch fetter geworden), maulte faul: »Lebst immer noch, alter Sack? Was Du uns so kostest ...!« Wies hinaus mit Hand und Kopf und pfiff einladend. Ich tappte matt (um ja nicht zu rüstig zu erscheinen); der lange düstere Gang (siebzehn Schritte); die kalte Vorhalle; im rechten Winkel nach links (acht Schritte); da war die Tür. Er puffte mich hinein: drei Mann musterten mich feindselig; ich kannte davon nur Mago, den Intendanten, der am Tisch vor seinem Bestandsbuch lümmelte. Der große Hagere schien Arzt zu sein; faßte verächtlich mit Spitzfingern nach meinem Puls, drückte dann die buschigen Brauen, horchte, fragte kurz: »Alter?«, drehte bei »achtundneunzig« die Augen zu Mago, der unmerklich nickte. Hand auf die Stirn (heiß, wie, mein Sohn?); er umging mich, legte das dicke Ohr zwischen meine Schulterblätter, und ich atmete mechanisch tiefer. Murmeln mit Mago; dann bog er angewidert den Mund und sagte: »Braucht nichts. Krepiert in acht Tagen.« »Mm – 'n Paar Sohlen –«, brummte M. empfehlend, und wies nach hinten: da stand vor mir ein kleiner Mann, flink, mit hellbraunem Kegelmantel, wandte den Fuchskopf – siehe da: die breite glänzende Narbe vom Ohr bis zum Quermaul. Er bückte sich beamtenhaft sorgfältig – – da sah ich es! Dicht vor mir lag auf den Fliesen des Fußbodens ein kleiner stählerner Halbmond, wie ihn die Soldaten auf ihren Ledersandalen tragen, abgeschliffen, aber hell und hart glänzend. Er schlenkerte mir die Holzschuhe hin, ich bückte mich kunstvoll und verwirrend, haschte den einen, griff kreisend nach dem anderen und fühlte schon das kühle gebogene Metall zwischen den Fingern, stolperte hinaus – (zurück hab' ich die Schritte nicht mehr gezählt. – Überflüssige Anmerkung nebenbei).

Eine Stunde später

Er ist noch ausgezeichnet: messerrückenstark, daumenlang und exzellent gehärtet. Ich werde beide Stäbe erst einmal unten durchkratzen und sie dann hochzubiegen versuchen. Erst wenn das nicht geht, auch oben. – Ordentlich Fieber und mein Herz trommelt: zuerst muß ich zur Insel schwimmen, das sind schätzungsweise fünfzehn bis zwanzig Stadien, also zwei bis drei Stunden – aber ich fühle mich doch noch kräftig, habe neulich erst Kniebeugen gemacht. Da sind zwei Gehöfte, also müssen auch Kähne da sein; einen genommen und rüber zum festen Lande, – und so weiter, und so weiter. –

Am besten wär's, wenn ich jetzt schlafen könnte.

Abends

Kann nicht schlafen, kann nicht schlafen. Endlos diese Dämmerung! Bilder fliehen augenentlang, alle von links nach rechts und hurtig bewegt: Kornwogen, massiv und grell golden; rollende Wagenzüge; Alalagmos aus klaffenden Soldatenmündern; hasten Wasserschäume; endlosgrün gleitet Brettanikes Küste am Backbord; schrien wir Jünglinge nicht »Tod den Timuchi« unterm stämmigen Mond? –

So fühlte ich die Haut meiner Hände, wenn ich betrunken war, stumpf und angenehm lau, und immer noch kein Stern im grauen Geweite. – Schön: ziehn wir noch ein Weilchen mit den Flatterwolkenstreifen.

Nacht

und Eisen zwischen unermüdlichen Fingern: es geht! Langsam, gewiß; aber es geht (und ich kann ja nur in den paar Minuten feilen, wenn die nächtliche Runde fern ist; sobald ich den bummelnden Doppelschritt höre, muß ich aussetzen. Daumen und Zeiger sind schon roh und blasig, aber ich komme weiter!).

Unten (Pause)

Als junger Mensch hing mir der Mond wie eine Frucht mit schaumiger Seidenschale und schartigem Silberkern in den Weinranken. Jetzt liegt eine glasige Lichtlache inmitten der Zelle: die müßte rund sein, dann flösse ich wie auf einer Eisscholle in schwarzer Unendlichkeit, blitzschnell umgetrieben, der letzte Mensch (oder der erste: was wäre unangenehmer?) – Wieder auf den Tisch und weiter!

Phosphoros erscheint auf der Spitze des Berges Mathos

Ein

Stab

ist

durch –

52, 122

Zwei Stunden in die Decke gewickelt; dann, um kein Aufsehen zu machen, an den Tisch gesetzt. Kopf in der Hand (Kugelstoßen). – Werde versuchen, noch ein Stück Brot aufzusparen; hoffentlich wird die Pfote bis Abend wieder einigermaßen heil und brauchbar (oder ich muß eben links kratzen, eigentlich kein Problem, wie?).

Habe in die ‹offiziellen› Hefte rasch ein paar Formeln gekritzelt, über Navigation auf dem Großkreise usw. (die wollen immer ‹angewandte› Wissenschaften: auch ein Kennzeichen des barbarischen Geistes). – Nun, ich will nicht ungerecht sein: wenn ich das Schicksal meines Buches vom Periodos bedenke –. Dem Verleger war's zu lang; dem zu kühn in seinen philosophischen Folgerungen (hatte auch was Weniges wider die Staatsreligion vorgebracht); der hatte grade wenig Papyros; der wollte nur die Stellen vom höchsten Norden als milesisches Märchen für seine Sensationsleser auszuziehen (und war begeistert: Einfluß des Mondes auf die Bewegungen des Weltmeeres! Sowas hätte er schon immer gesucht!) – da hab' ich Diagoras noch eine Abschrift für sich machen lassen, ‹Erste und einzige Auflage in zwei Exemplaren›, und dann mein Unheil noch einmal zu Gadir versucht. – Wird wohl nicht groß auf die Nachwelt kommen, der Periodos; ist auch egal; es gibt ohnehin schon mehr Bücher als Augen, sie zu lesen.

Schiebergeklapper

Ah, Wasser mit Gechstenbrot. Dazu immer frische Luft und frei Licht am Tage. (Nun, nicht lange mehr!) – das heißt, mancher wäre noch froh darüber (mein Vater, zum Beispiel, beim Strategenkorps in Massilia, mahnte ständig: den meisten ginge 's noch viel schlechter! Sah er mich Schnellwachsenden hungrig essen, blies er angewidert und empört: »Du wirst Dir mal später Deinen Balg nicht ernähren können!« – Aber er vertat zwei Drittel seines Gehaltes in Hafenbudiken mit Hetären fünften Ranges. Ach, meine Eltern – Eltern überhaupt; das ist auch so ein Kapitel!).

Zur Zeit ein Gefühl, als perle mir Eiswasser über den wächsernen Rücken; ich bin viel zu aufgeregt (ist ja zwar kein Wunder). Auch das Gefasel der Wächter ist heut widerlich schrill und laut; blökendes Volk. Hoffentlich hält der Deckenstrick, wenn ich zehn Streifen mache; acht wäre wohl sicherer bei dem dünnen Lappen, aber die Außenmauer zum See ist auch mindestens dreißig Fuß hoch; im Notfall muß ich halt noch meinen Kittel dazu nehmen. –

Werde doch ein wenig essen; ich brauche viel Energie für's Kommende (vor allem für's Warten jetzt – und das Sonnenschwein suhlt sich faul im fladigen Wolkenmoor!! Fiele mir nur ein Fluch ein, der Dich auslöschte: in Thule wußte ein Nordbarbar das Wort ‹Skramasax›, irrheidnisch und kreischend; ob ich's versuche? – – – Da! Wie Hände wischt es im Dunst – weg! – Ph!).

Haßerfüllt

Appius Claudius Caudex. – Quäk, quäk, – Konsul Appius Claudius. – Mist; ich bin nervös wie ein Novize in Eleusis: los, ans Fenster; alles kann wichtig sein!!

Also Exaktes

Ein karthagisches Landheer unter (irgendeinem) Hanno ist bei Rhegium – oder Messana; es kommen beide Namen vor – von den Römern geschlagen worden. Und ein Konsul ist ungefähr gleich einem Suffeten (heißt Caudex nicht ‹Schwanz aus›?! – Das haut doch den stärksten Neger um; das heißt, ich kann ja nur ganz wenig römisch; meinetwegen soll es ‹der Heizbare› heißen. – Witzig, witzig, Pytheas!).

Am Fenster wartend

(merke: anstatt zu ruhen!) Und einen Herzschlag wie ein trabendes Roß; aber die Sonne gerann hinterm Zaun.

Mein Fleisch fühlt sich an wie – pilzig: als könnte ich es vorsichtig in der Faust zer- (irgend etwas Langsames mit ‹zer ...›); und die rechte Hand ist wie im Gelenk verquollen (vielleicht neige ich auch nur deswegen so zur Selbstbeobachtung, weil ich so lange mein einziges Objekt war – ich, und ein paar Sterne. Hoffentlich; denn Krankheit – gar nicht erst dran denken. Schon kommt Wind ans Fenster und höhnt –).

Die Zelle hinter mir wird langsam unkenntlich; – halbe Stunde etwa noch.

Nebelbarken stehen auf dem See: sechs (wo die kalten Quellen steigen!), breite Frachtkähne mit silbernem Zeug beladen. Möchte einen der Fergen sehen, ihn zur Nordfahrt überreden, notosgetrieben, Wind umwogt's Haupt schlapphutbreit. – Viertelstunde noch. –

Gefangen war ich von Kind auf: Grobe Eltern, mit Eßzimmer und Maßanzug als gehobenen Idealen; verarbeitete mörtlige Lehrer; Armut umgab mich wie ein roher Bretterzaun; Halbsklave in der Gryphius'schen Knochenmühle; jahrelang Zwangssoldat für massiliotischen Wahnwitz; verkleidet ins Phönizische entschlichen, und, jederzeit dem Spionentod im Rachen, schwerste Matrosenarbeit keuchend, unter Lasten geduckt, spähende Forscherblicke durch Brettannike schießend – hohl bog sich die Bohle beim Landgang –. Als Denker ungekannt oder verlacht; vom Griechenchor als Philopseudes verhöhnt; dürftiger Privatmann; dann noch diese letzten zweiundfünfzig Jahre: »Versuchen Sie selbst: ein Leben für die Wahrheit! Es lohnt sich bestimmt!« – Und nun friß, Stahl, im Stab! –

Wie ein Hammer

So schlug mir das Kinn auf die dürre Brust: da war die Stange durchgekaut. Ich fiel gleich auf dem Tisch zusammen, gefühlloses Knochenbündel in Rohleinen geballt, nur der Kopf schwebte noch abgesondert rastlos listig dicht über der Platte (Otternhäupter sah ich so kreisen – horch, und die alten Schlangen wachen auf); dann sank auch er, ein schneebehangener schlafender Vulkan: wildschnell floh Pytheas, ein Jüngling, im Hetztraum!

Vor Verfolgern. Durch hohe hallende Säle trug sie ihre Eil'. Rötliche Marmorwände, mattgelb geädert, wiesen keine Fuge; oft standen mannshohe Vasen, rankenüberlaufen, in Sammlungen; Statuen zeigten hoheitsvolle Affengesichter; geflügelte Stiere mit bekapptem keilbärtigem Assyrerantlitz, die runden Stirnen mit Geheimnissen beschrieben, gaben kein Zeichen. Erst als ich damit an Dreifüße klirrte, merkte ich, daß mir ein stählerner Stechschlüssel, der Hieroglyphe ench gleich, in der Rechten hing; ich riß die bräunliche, brüchige Rolle aus dem Busen und las rennend die rieselnden Altgoldbuchstaben: schon gaumte blutgeil die Punierbrut im übernächsten Saal. Ich stürzte geblähten Gewandes ums Säulenkap, stach den vierkantigen Hohlstab drehend in die achte Rosette der Lotosleiste und glitt in die sich huldvoll spaltende Wand: lautlos schloß sich wieder der Porphyr. Ich schob erzene Haken und Riegelbarren ineinander, und stand atmend im kluftschmalen Gang; steil wies die Marmorstiege hinab, grauseidnes Glimmlicht füllte still den Schacht. Neue Weisung entlas ich der Rolle und schlüpfte treppab; nach dreiundachtzig Stufen erschloß ench wiederum die Mauer. Hart über'm Boden zwängte ich mich durchs enge Mannloch, schloß sorgsam die Öffnung mit Steinpfropf und Querstange, und erhob mich ins helle Goldlicht des türlosen quadratischen Gemaches. Eingelassen in die Wände waren hohe Tafeln aus mildfarbigem Schmuckgestein, schriftzeichenüberlaufen, aramäisch, chaldäisch, persisch, Hieroglyphen wandten Falkenköpfe, griechisch las ich betroffen zwei Zeilen von Hellbraunem:

»... Lampiges Fenster weht auf, Stimmen und Wolkenzug; /
Brunnengeliebte am Markt spendet aus steinernem Krug ...«

Dann wies mich die Rolle weiter; weiter klomm ich durch leuchtende leere Zimmer, drängte mich hinter Steinquadern, die sich minutenlang still verschoben; tiefer hinunter wiesen, führten, drehten Treppen; größer wurde die Zahl der Nebengemächer, gefüllt mit Seltsamem, das ich nur durch die Türen sah: Bilder, Rollen, Geräte, Gewirktes, Gedachtes, zu betrachten ein Leben lang. Doch ich wich nicht von der Spur; lange war ich schon die Wendeltrepppe hinabgeflohen, unermüdlich in stummen Steinmustern suchend, da fand ich endlich links in Kopfhöhe das schiefe Viereck mit der eingeschlagenen Spitze, wieder schloß ich, sechsmal drehend, trat wiederum durch Marmorwolken, und befand mich auf einer kleinen Steinplatte an der Längswand eines schmalen Kanals, der sich endlos an mir entlang und düster hinzog. Auf dem völlig stillen und dunklen aber seidig glänzenden Wasser lag ein ebenhölzerner Kajak, in den ich ohne Zögern schlüpfte; gut und leicht lag das Paddel in meiner Hand. Ich glitt erregt und ehrfurchtüberwältigt zwischen den schwarzen glattgeschliffenen nur ganz selten hell geströmten übermäßig hohen Jaspiswänden dahin; auch die Decke schloß gerade und unerbittlich. Nach Stunden ergriffen mich mehr, immer mehr, Stille und gradflächige Einsamkeit; rechtwinklig zur Linken flossen gleiche Kanäle ab, feierlich endlos; überall erlotete ich in kaum Mannstiefe mit dem Ruder die glatte Grundbahn. Einmal eröffnete ich in der linken Seitenwand eine lange und enge Nische, schob mich gebückt im Boot hinein, der Türstein schloß sich zu völliger Dunkelheit, und ich sank auf dünnem gurgelndem Schwarzwasserpolster hinab, müdigkeitenlang, in ein zweites Labyrinth, dem andren gleich; zog dahin, wich aus, schwieg, sank; Unnahbarkeit kam um Pytheas, Pytheas, Pytheas ...

Nachmittag schon (und also 52, 123)
Verfluchte Unvorsichtigkeit: ich lag immer noch auf dem Tisch! Hoffentlich hat mich keiner so gesehen. – Habe das Heft wie grübelnd zur Hand genommen, und gehe auf und ab, lehne mich zuweilen kunstvoll spekulierend an die Mauer (und schleife dabei wieder eine schöne Schneide an den Stahl; die muß so gut sein, daß ich schnell die Wolldecke damit zertrennen kann – ich glaub' schon, acht Streifen ist das Richtigste; den Rest liefert der Kittel, der ja doch bloß beim Schwimmen hindern würde.)
Wenn nur das abscheuliche Zittern nicht wäre; zum ersten Mal in meinem Leben fühle ich mich ‹greisenhaft› (aber es ist ja auch gar kein Wunder, wenn man die Muskelanspannung der Nächte bedenkt –. Werde mich doch lieber hinsetzen).

Noch Tag
War sofort wieder eingenickt – saß in Massilia in der engen finsteren Küche mit den Eltern am Holztisch; sie stritten, zankten; mein Vater brodelte wieder mir, dem Manne, verschwollene Befehle zu, drohte aus rohen Augen, wölbte den Mund zu fetten Soldatenflüchen; ich ging vor ihn hin, und hieb ihm eine ins rotunde Radaugesicht, daß er sofort schwieg, völlig verblüfft, war fertig, saß da, mit abgesägten Hosen, he?! – Ich erwachte, und empfand wieder, wie nach früheren ähnlichen Vorgängen, ein herrliches Gefühl von Stolz und Erleichterung, lachte befreit, den Kopf im Nacken (muß eine feine Kindheit gehabt haben, der Pytheas. Und ist auch selbst ganz scheen radikal geworden, wie?!) –
Es zuckt mir in den Händen, wenn ich die Stäbe angucke: ob sie sich biegen lassen? Wenn ja; dann verschwind ich noch heute nacht. Ich sauf' auch gleich den Wasserrest aus (oder gieß ihn mir über'n Kopf: der ist wie eine Feuerkugel. – So hieß eine Kneipe in Athen, an der Bibliothek, ‹zur großen Feuerkugel›; und der Wirt behauptete eisern,

Homer hätte da logiert; vom engen Hof sah man auch das Zimmerfenster mit der ‹Erinnerungstafel› darunter!).

Ich hab keine Geduld mehr, richtig über was nachzudenken, keine Geduld mehr. –

Was die Grammatiker doch für flache, unlogische Köpfe sind, philosophisch rohe: da nennen sie »ich war« die erste oder unvollkommene Vergangenheit; »ich bin gewesen« die zweite oder vollkommene (»ich war gewesen« dann leidlich korrekt die dritte oder übervollkommene). Dabei ist das ganze Gefüge doch so einfach darstellbar: drei zeitliche Erlebnisebenen hat der Mensch: die vage Zukunft (»ich werde sein«); die intensive aber ganz eng umgrenzte Gegenwart (»ich bin«); die erinnerungsreiche, bildervolle, gesicherte, deshalb vielstufige Vergangenheit (»ich war«, usw.). Dieses »ich war« ist die eigentliche Form der in sich abgeschlossenen, nicht mehr ins Gegenwärtige eingreifenden Vergangenheit, die ‹vollkommene›. Dagegen stellt »ich bin gewesen« (wie ja schon die Konstruktion mit der Gegenwartsform »ich bin ...« aufs schlagendste beweist!) die jüngste, noch voll auf die Gegenwart wirkende Vergangenheit dar! (Beispiel: ich stürze atemlos zu meinem Freunde ins Zimmer und berichte ihm: »Denke Dir nur, eben bin ich auf der Agora gewesen ...« usw.); diese also ist die ‹erste›, ‹jüngste›, noch ‹unvollkommene› Vergangenheit! Und die albernen Grammatiker haben nur aus der komplizierten Bildungsform stumpfsinnig auf größere zeitliche Entfernung geschlossen!! – Wird wohl ein paar tausend Jahre dauern, ehe solche falschen Begriffe aus den Lehrbüchern verschwinden. –

Schöne lange Dämmerung

(die kein Ende nimmt! das ist alles Schikane, was weiß ich von wem!) Vorhin ein paar Minuten ausgestreckt: da wußte ich plötzlich nicht mehr, ob mein rechter Arm über der Brust liege, oder neben mir, oder – jeder Muskelsinn war weg.

Sterne treten auf

Ja! Ja!!!: Sie biegen sich! Nach innen weg (der alte Tisch knackte zwar unmäßig, als ich die Schulter unter das freie Ende schob und mich reckte). Jetzt Decke und Kittel zerlegt und geknotet –.

Gut; hält. (Den Rest winde ich nachher um die Stirn; Brot dann hinein, den Stahlspan, mein Heft.) Den Strick um den Leib gewickelt. In der Fensterhöhlung kann ich eben noch hocken.

Ruhig!

Ruhig!! – Wie lange braucht heut der Doppelposten zu einer Runde: – vierhundertachtzehn Pulsschläge – vierhundertsiebzig das zweitemal (oder schlägt er schneller?) – Noch einmal zählen. – Der Gang unten ist schmal genug, nicht volle zwei Klafter; gegenüber in fast gleicher Höhe die Außenmauer des Forts. Ich muß versuchen, mit einem Sprung aus der Hocke hinüber zu schnellen; dann mich draußen an der Seeseite hinunter zu lassen –

Ruhig: sie kommen wieder: – vierhundertneunzig, einundneunzig, zweiund ... Gut.

Jetzt noch hundert warten; dann springen.

– – Warm; Wasser wird warm sein. Vierzig. Den Bart hätt' ich mir auch runtersägen können. Wird hindern; vollgesogen. Fünfzig. Den Strick muß ich um einen Stein flechten, knoten, versenken, sonst haben sie – Sechzig – gleich die Spur. Die ersten zwei drei Stadien ganz lautlos schwimmen – Siebzig – vielleicht tauchen. Hak' ich etwa hinten an den Stabenden fest? Achtzig. Langsam herausschieben; Zehenballen an die Kante stemmen. Neunzig. – Hände zum Abstoß mit ansetzen. Ansetzen. Ansetzen: – Hundert!!!

Insel und Mitternacht

(Und Freiheit!!) – Aber wenig Herzschlag. Narbiger Silberball im Zenit, wolkenumflossen.

Der Sprung glückte gleich: mit halbem Leib lag ich über der Mauerkrone, pendelte die Beine hoch, griff nach der Seilmitte, legte es um die nächste Zinne und hangelte hinab, den Doppelstrick in der Hand: als ich im Geröll stand, waren gar noch zwei Fuß Rest. Oben tickte wieder die Wache vorbei – hoben sie nicht Augen, gekniffen im Argwohn, über halboffnem Lauermaul – ich mußte mir die Faust in den Schlund setzen: vor irrer Bosheit! Denn näselnd wanderte es in süßlichem Schlafzimmerfalsett: »Heute nacht oder nie ...« Ich nickte, erstickt mit grellen Augen, feixend gekrümmt: das Ding war exzellent gemacht! Symbollek von der vierten Phyle! Dann zupfte ich am freien Ende; raschelnd kam der Lumpenstrick herab; ich flocht ihn netzförmig um einen Steinknollen, hob den unter'n Arm und schritt bis ans Kinn in den See (eben noch erträglich, das Wasser; halt ungewohnt). Ich ließ den Klotz fallen, nahm noch einmal die Richtung nach der Insel und legte mich auf die Flut, flach wie ein Span. – Es ging; Arme und Beine fanden sogleich den längst vergessenen Takt (leise, leise zuerst ...) Ja, ich hatte noch mein zügiges schönes Seitentempo. – Aber es dauerte doch zu lange; oft mußte ich mich auf den Rücken legen, keuchend, speiend (in dreitausend Sternfratzen); griff, herumgleitend, wieder löffelförmig aus, die Beine scheerten wieder. Dann kam der schwarze Inselumriß näher, Steinboden, das

Wasser trug nicht mehr, ich zerrte mich mühsam über'n Sandstreifen ins Gebüsch. –

Und das war vor einer Stunde; jetzt muß ich mich hochraffen, zur Kahnsuche.

Hellster Mondschein, wolkenschuppig

Hab' trotz meiner Eile an manchem Strauch riechen müssen (– ist schon ein Unterschied gegen Zellenmief –). Das zweite Gehöft scheint das größere, wohlhabendere; zaunumgeben ein Garten, blühende Erbsen (und Zwiebeln, Wachsbohnen) im Mondlicht (hoffentlich haben sie keinen Hund!). Im nächtlichen (geistreich!) Obstgarten weht Wäsche (aber alles Frauenplunder; nichts für mich). Ein buschbegleiteter Pfad zum Ufer hinab führt hoffentlich zu Anleger und Nachen. – – Verdammt: –

Flüstert da nicht noch jemand; – vorn? –

Er sagte

»Ich habe doch immer darauf gewartet, Du! Immer! Was hätte ich denn sonst bei dem gleichgültigen Sealthiel gewollt, wenn nicht Dich sehen! – Dein Haar, Deine Augen, Deinen Mund –«, er verstummte und hob zaghaft die Hand, berührte rührend unbeholfen ihre Locken, wiederholte tonlos: »Dein Haar«, zog hauchfein ihre rechte Braue nach: »Deine Augen«; dann fiel der Arm herunter, und man erriet: »Deinen Mund –«. Sie lächelte spöttisch und gerührt, legte listig das mondfarbene Gesicht schräg hinter sich, und sah mit geweiteten dunklen Augen über ihn hoch, wo flatterndes Volk lautlos auf marmornem Kreuzweg zog. (Ja, und beeilt Euch etwas, Verehrteste; oder spielt Euch inselein – großer Axiokersos; ich steh zehn Schritte entfernt im Gebüsch und doppelt so weit vom Kahn, in dem er wahrscheinlich zur Huldigung erschienen ist. – Und frier wie ein junger Hund! – Ah, zweiter Akt – wär's nur der letzte –)

Sie strich sich über's Haar

und sagte abwesend: »Es wird spät, Bostar; Du mußt eilen.« (Ja, hoffentlich, hoffentlich!) Ihr Profil wurde kühner und wacher, auch härter; sie trat dicht vor ihn hin, nachlässig, schob herausfordernd Kinn und Mund vor, spannte die Brauen wie Bogen und lächelte maliziös, sah ihn gar nicht an, wartete, – da griff er endlich zu! (Und ich schlug würdig die Augen nieder: warum soll ich nicht auch mal Mensch sein –) Sie atmete befriedigt tief ein, drehte sich aus seinen Armen: »Bis morgen –«, schlüpfte kräftig den Kiesweg zurück, sprang federnd und elegant über den alten Zaun, hob noch einmal bannend die Hand und glitt ins Haus. Er hatte die Fäuste vor die Brust gelegt und wandte kein Auge von der lockenden Erscheinung – da hob ich die Faust mit dem Stein – (– der Junge hat auch just meine Figur –)

Ich legte meinen Mund an seinen falben Bartflaum
(»und von unerhörten Dingen flüstern bärtige Lippen an bärtige Wangen« – ist nicht von mir, hab's mal irgendwo gelesen –). Ich – gut – ich flüsterte: »Ich brauche nur Deine Kleider und zwei Goldstücke. Nichts weiter.« – Noch einmal beugte ich mich über ihn: »Noch eins: Was über den Kuß hinausgeht ist vom Übel. Hörst Du? Glücklicher?« (also doch von unerhörten Dingen!) Er stöhnte ein wenig, nickte aber doch (und die Beule ist in seinem Alter in drei Tagen weg).

Im Kahn
Das Purpurkleid läßt mir prächtig, stattlich; und richtig heiß ist mir wieder. – Sieh da: ein blankes Tuch weht aus einem der Kammerfenster – was will ich noch mehr?! Ich bewegte geehrt und standesgemäß die schlohweiße Linke: so waren alle Beteiligten zunächst beruhigt.
Und nun aber in die Ruder! (Brot lutschen dabei)

Izquierda (das Turdetanernest)
Helle von Osten her, grau und rosa. (Macht 52, 124 – – oder nein: Nein!! 0,1!!)
Die Höfe liegen am Gestade verteilt, manche schon höher am Hang. Ich muß zunächst in die Bergwildnis, die Riesenwand hinauf, daß sie in den Wäldern jede Spur verlieren; dann verkleidet zum Hafen nach Gadir – im Notfall muß ich mir die Haare färben, schwarz; klar! – und auf einem Nordfahrer anheuern; und in Mentonomon desertier' ich, verschwinde, in den glühenden Wäldern, über Lichtungen, wie der Meteoride Phaeton, mein Bruder (würde sich wohl auch vor die klapprige Verwandtschaft bedanken).
Beine sind steif vom Schwimmen und Sitzen; aber hopp, raus.

Beim Umkleiden
Ich überquerte die Uferstraße und beschritt rasch den Zweigpfad zum fernsten Gehöft. Tau wippte im Gras, hundekalt, aber klar rosig (rostig) und mattgrün. Natürlich waren die ländlichen Wühler schon wach: ein alter Vater mit drei derben Sennensöhnen neigte demütig den Kopf; Butter flößte im Gießbachtrog, Käse ruhte rund in Regalen (und mir lief der Speichel fast aus dem Halse – ich fress' bis ich platze!). Ich trat leutselig kalt im Galagewand auf sie zu, fragte kurz nach Namen, scherzte herablassend, blickte mich gelangweilt um (Hund! Der Sonnenrand erschien drüben über den Hügeln – schnell). Ich sah den größten der Flegel unvermittelt kritisch an, lachte gekonnt und entschied: »Höre, wir tauschen die Kleider für heute, ja?!« Schnippte ihm

das dicke Goldstück hin und winkte vornehm ungeduldig voran, in die Scheune. Er begriff nicht; der Vater stieß ihn an, murmelte weniges im breiten Ibererplatt – Ja, stolper' schon mit! –

Fertig

Und fest ist der klobige Blauleinenkittel! (Draußen sagte der Alte still: »Er wird von der feinen Gesellschaft unten beim Richter sein – die hohen Leute haben wohl Grillen, die unsereins nicht versteht.« – Ging ergeben voran zum Geräteschuppen, kramte und klapperte.) Ich nahm den kurzen Dolch gleich mit, schnitt einen halben Bauernkäse in den Futtersack, klebte zwei Handvoll derbe Butter darauf und hing ihn mir am Strick um die Schulter. Als ich schmunzelnd und kauend herauskam, lümmelte schon das platte Sonnenhaupt blutunterlaufen und ausdruckslos auf den kahlen Hügeln drüben (jetzt werden sie's in Chebar gleich entdecken, beim Morgenrundgang –). Ich rief leichthin in das morsche Altmannsantlitz (wie werden die meins wohl nennen?): »Hebt meine Sachen auf – nachmittags laß ich sie abholen. Und –« ich verstellte mein Gesicht auf's Häßlichste, Phönizischste: »Kein Wort! – Wer auch fragt! –« (lachte der zahnlose Hund nicht unterm Arm – nein; er strich doch wohl nur den Hutrand höher, so). Nun über die Umzäunung steigen, ganz zünftig. –

Rast nach drei Stunden (schick im Baumwipfel)

Ich hatte kaum zweihundert Schritte in den jungen Korkeichen getan, da warf es mich in den Schultern – Tup, dup (ganz deutlich kam es über den See, dreißig Stadien weit, die Alarmtrommel; nun ja, es ist morgenstill noch) lubb – dup, tup, tup. Jetzt rennen sie durch die Gänge. – Und auch ich sprang durch die gebückten, erstarrten Baumgestalten bergauf. (»Gib uns guten Gang, du, Gries, Gestein und Hartwuchs ...«) Nach zehn Minuten sah ich mich um: eine feine Furche über'n See! Rechnen: nach Gadir (berichten und Bluthunde holen) eine Stunde plus ein Viertel; zurück in die Zelle und Witterung nehmen lassen: eine Stunde; zur Insel: eine halbe; Spur und den Überfallenen finden: eine viertel; zum Festland her: eine halbe; Spur suchen und aufnehmen: eine halbe: macht zusammen vier Stunden Vorsprung. – Das hieß also für mich, erst einmal zwei Stunden so schnell wie möglich bergan. – Danach erst trat ich, daß sie die Fährte verlören, in den frischen, glasklar schnellenden Gebirgsbach zu meiner Linken. (Frisch? Eiskalt war die Jauche!) Und ich stand und sah, mit erstarrenden Füßen, sah unter mich, vor Grauen zitternd – aber ich mußte ja erst einmal weiter. Eine Stunde hielt ich's aus; dann reckte ich mich an den nächsten starken Ast überm Wasser, ließ mich abtropfen und rutschte weiter in die Baumkrone. (Ich hab die Füße getrocknet, geknetet, gerieben, die Sonne brennt drauf: ich kriege kein Gefühl mehr hinein! Scheußlich!)

Nach unten schauend

Sie wandern immer noch: Lachse, zu Millionen vereint. Es kocht im Wasser (das Fischgeschmack hat!). Schon ragen die Rückenflossen, ja die Rücken selbst aus dem Elemente heraus; wo es an Wasser gebricht, da werfen sie sich auf ihre flache Seite, bald rechts, bald links hinüber. Der Fisch verliert seinen Glanz, er dunkelt, wird grünlich grau, die Schuppen der Bauchseite reiben sich ab; blutrünstig erscheinen die Flossen, erscheint die ganze untere Hälfte des Körpers, dunkel blaurot, ja endlich schwarzblau, zackig die Körperseiten hinansteigend, widrig anzusehen, gleich den halbbrandigen skorbutischen Wundstellen mißhandelter Tierkörper, roh, wie mit wildem Fleisch schwammig überwuchert. Myriaden Häupter unkenntlich hakig, mit klaffendem Maul und mächtigen Hauerzähnen. Leichenfuder verpesten in Lachen – oh, ihr Götter! – *Oh, ihr Hunde!!*

Ich sage mich los von allem, was Gott heißt! Was Schöpfer oder Weltherr sein will! (Und der Baum bebt unter mir, so wirft es mich in rasender Rebellenwut!) Seht Ihr das, Ihr gebetgeblähten Mastsäue; ist das Eurer rülpsenden Weisheit letzter Schluß; das und dergleichen ist in Eurem Drachenwerk möglich?! Ich fluche Euch Bestien mit paukendem Mund: ich schreie zum Aufstand wider Euch! Zur Rebellion der Guten wider Natur und Gott: ich rufe die Jugend der Welt! (Aber das schallt schon zu Olympia: als Motto zum Wetthopsen und Fresse-Einschlagen! – – Oh, oh!) –

Herbstnebel dampft auf

am hellen Mittag; warm und dicht, grünlich vom verwischten Pflanzengeleucht: nun findet ihr mich nicht mehr. Hurtig! Pytheas!

Ungeheuer kippt der Bergkegel zur Rechten hoch.

Am Abend

Gestürm zieht auf.

Bin längst bergum: unten liegt Gadir, gassengeregelt, mit den taubenumflatterten Vorstädten.

Acht Schiffe ankern im Haupthafen, wanken; zwei vor der Insel Erythia; eins, schwarzes, hier links vorn, weit unter mir (eine Stunde Weg bis hin): da versuch' ich's. – Zuerst. Früh dunkel heut.

Letzte Vergrauung

Nebelwind, naß, meert den Berg ein, orgelt, rollt über röhrenden Wäldern. Ich sog tief Luft und röchelte, gurgelte sinnlos selig hinaus: in die Freiheit. Schob mich breitbeinig in den Dunst: in die Freiheit! Es stampfte oben in den Wolken; Regen schlug donnernd an meine Stirn; mein Herz brandete: Freiheit! Ich hob die grauhaarigen Beine tanzend an: Freiheit! Freiheit! Ich dien' nicht mehr bei Gryphius; weit liegt der Kerker hinter mir! Pytheas ist frei geworden und stampft oben in den Wolken!! –

Halslang

so fuhr das Gesicht neben mir aus der Felswand und gaffte täppisch in mein Geschrei: ich hieb zielend den Dolch danach – weg, Du! Macht es mir etwa schon Männer vor?! Haut bloß ab! –

Will bergab strandzu tosen (also meine Beine sind wie Eis! Das verfluchte Waten heut früh!) Lubb-dup, Lubb-dup (diesmal ist's mein Herz).

Am Strand

Zögernd fuhr ich mit der Sichelklinge ums Kinn, warf das Gebärt fort, zog die Kappe keck schiefer: junger Matrose, eh? (Hoffentlich nehmen sie mich noch, daß ich ihnen nicht zu brüchig erscheine, verflucht, jetzt entscheidet sich's! – –) Los, hin, zögern ist zwecklos (ganz schwarz ist das Schiff).

»He! Patron!«

Er trat an die Reling, hoch (und dürr) im schwarzen Mantelgeflatter, mit langem bleichem Gesicht (unphönizisch eigentlich!). Ich rief durchs Wasserschallen: »Fahrt Ihr nach Mentonomon? – – Braucht Ihr etwa noch einen? –« Er nickte jedesmal und wies stumm zur Planke, die ich machtvoll betrat, und überzeugend hart in seine Hand einschlug. –

Warum legen sie gleich ab?

– Wollten sie mich nur fangen? Ich barg argwöhnisch den Dolch in der Hand und wiegte breiten Ganges nach vorn. – –

Hebt sich und senkt sich

der Bug! Und ich taumle rhythmisch mit. (Ist ganz finster schon; muß aufhören zu schreiben.)

So viel Glück! Pytheas, du Wogenkind! Hebt mich – senkt mich!

Hebt mich – –

Nacht wird noch tiefer.

Seh nichts mehr.

– – –

An Giskon, den großen Suffeten, den Suffeten des Meeres, meinen Herrn, Dein Knecht Abdichiba, durch Deine Gnade Aufseher der Festung Chebar bei Gadir: Zu Deinen Füßen falle ich siebenmal siebenmal nieder, ich will Deine Befehle getreulich ausführen. Deinen Tempel will ich bauen, Deine Entscheidungen erfüllen. Möge es Dir, o Herr, gut gehen; Deinem Hause, Deinem Harem, Deinen Söhnen, Deinen Großen, Deinen Pferden, Deinen Streitwagen, Deinen Ländern möge es recht gut gehen. Möge Moloch Deinen Fäusten weiterhin Kraft geben, daß sie die räuberischen Römerhunde treffen wie Felsen.

Der von Dir befohlene Jagdzug gegen die Löwen des Gebirges wurde vollzogen; wir hatten als tägliche Kost Brot und Wein und gekochtes Fleisch, abgesehen von den Ziegen des Hochlandes, die man für mich fing, und dem, was meine Hunde erbeuteten.

Die Tribute der Dörfler gehen regelmäßig ein: Fünfhundert Sekel Silbers liegen zu Deiner Verfügung, achtzig Ballen lederne Seile und Rindssehnen für die Bogenschützen. Man hat mich bei meinem Herrn verleumdet, daß ich die Schleudersteine für Deine Balearen nicht rechtzeitig lieferte: siehe, es fehlt mir an Handwerkern; doch wurden fast zehntausend fertig. Befiehl mir nur: soll ich alldies gleich nach Drepanon senden, oder erst in Deine karthagischen Arsenale?

Erlaube mir, den Soldaten Hakkadosch zu befördern; er ist willig und begabt und ehrgeizig im Dienst; auch war es meist ihm zu verdanken, daß wir vergangenen Frühling den Räuber Deiner hiesigen Herden entdecken und fangen konnten. Er versteht ein wenig zu schreiben und ehrt die Götter vorbildlich.

Vor zwei Tagen verstarb endlich der Unreine, der Unbeschnittene, der Überlästige, den wir aus mir unverständlichen Gründen seit Menschengedenken hier mästen mußten. Er saß noch am Tisch und stank schon; man fand keine Wunde; tief in die linke Handfläche hatte er sich einen alten Schuhbelag gedrückt; die teure Decke war von dem Hunde in Streifen gerissen worden, wie auch sein Kittel; seinen Bart verstümmelte der Ungläubige: er war hundert Jahre. Ich sende Dir wie immer, was er schrieb. Wir warfen sein Aas in den See. Nimm mir keine weiteren Truppen mehr, o mein Herr; das Gebiet meines Herrn ist sonst nicht mehr sein eigen, die Iberer verwüsten alles Gebiet; was wir fangen, schicken wir in Ketten in die Silberbergwerke. So schreibt Abdichiba, der Knecht der Knechte vor den Füßen des großen Suffeten, ich schlage die Stufen Deines Stuhles mit meiner niedrigen Stirn, mein Rücken sei Dein Schemel; gebiete über mich und mein Haus, meine Weiber, meine Töchter und Sklavinnen, meine Söhne, meine Knechte, mein Vieh, mein Vermögen, gebiete über alles, o Liebling des Moloch, o Wonne der Gerechten, Du mein Herr! –

ALEXANDER

oder
Was ist Wahrheit

9. THARGELION: Neugierig bin ich.

Klein soll er sein, klein und untersetzt; den Kopf etwas nach der linken Seite tragen.

Wind schmatzte an den Blättern, faselte fahrig im Gebüsch wie ein aufgeregter Trunkener, vor mir, hinter mir, auch links: wo soll ich zuerst hinhören? Hipponax kam aus dem Zelt; sah, wie ich den Kopf horchend drehte, und nickte mir verständig lächelnd zu (er wird immer sympathischer, je länger man mit ihm lebt); lud mich ein, mit ihm runter in die Stadt zu gehen. (Agathyrsus spielt wieder den Xerxes im »Sataspes« des Kritias, Monika die Atossa. Ich sah es gestern schon; treffliche Kostüme; am eindrucksvollsten die Stelle: wo Sataspes, eine Hand schon an's Kreuz geschlagen, sich wendend, spricht:

»... der verachtend jetzt von dannen reist,
um unbekannte Länder zu entdecken ...«

Sie ganz sparsam, jungfräulich, verhohlen – ach, Alles, was sie wohl nicht ist. Und die elfenbeinerne Maske aus dem Kragenkelch.)

Unglaublicher Lärm auf dem Platz: drinnen in Chalybon ist Alles überfüllt, da hat ein findiger Wirt auf dem Hügel hier ein paar Reihen Zelte aufgeschlagen, und macht ein glänzendes Geschäft mit der Vermietung. (Bei dem schönen Wetter ist's bestimmt auch angenehmer und luftiger so. – »Die vielen Soldaten!« hat er uns entschuldigend zugeflüstert, »es soll gegen Arabien gehen diesmal. – Oder Karthago!« Amüsant diese Gerüchte. Aber auch wohl bezeichnend.)

Bummel durch die Stadt (mittelgroß nur); warum man neuerdings anfängt, sie Beroea zu nennen, war Hipponax auch schleierhaft (er reicht mir nur bis zur Schulter, aber breit und straff). Bei den Bibliokapelen erscheinen jetzt massenhaft die Artikelserien der beliebtesten Kriegsberichterstatter über den Indienfeldzug: natürlich Alles Lüge und Aufschnitt für die lieben wundersüchtigen polloi; ich habe bei Aristoteles die sachlich-redlichen Protokolle des Nearchos, Onesikritos usw. gelesen: da sieht's ganz anders aus. Geschrei wie unvermeidlich: Wasserverkäufer, Seher (jede gewünschte Art von Manteia für ein paar Obolen), Gassenschluchten, staubdurchströmt, darinnen Sonnenstrahlengebälk

57

wie massiv, man möcht's mit der Hand anfassen und sich dran vorbei-
ducken.

Die Läden voller Alexanderbilder in allen Preislagen und Typen der drei
einzig Beauftragten: Apelles, Lysippos, Pyrgoteles. Gipsstatuetten,
Pasten, »gehört in jedes treue Haus«, (raffiniert die Alternative). Auch
der unvermeidliche Alexandertempel auf der neuen Agora; A. als Son-
nengott, das bekannte große Rundrelief; nett und glatt gemacht; (es ist
aber ganz unähnlich, sagte mir Aristoteles, und »einen großen Mann
sollte man nie persönlich kennen lernen«, als er mir den Brief gab, und
ich Abschied nahm. – Sein Kinn soll massiver sein und eben die Gestalt
ganz derb.) Hier werden »Alexanderpalmen« herum gepflanzt; in
unsern griechischen Städten haben sie die heiligen Ölbäume. Schade,
daß man mit dem großen Manne solchen Unfug treibt. »Er will es aber
so; er befiehlt es ja selbst«, murmelte Hipponax. »Ja«, gab ich lachend
und seufzend zu »– also genauer: das Volk will es halt so haben. Es faßt
das Große eben nur im Grellen und Grotesken.« »Wäre es nicht besser –
noch größer –«, wandte er vorsichtig ein, »es wahrhaft zu bilden, oder –?«
Ich wurde verdrießlich; ja, ja, an sich hat er schon Recht. Natürlich.

Die Garnison exerzierte; Eingeborene unter mazedonischen und griechi-
schen Ausbildern. Phalangisten meist und Dimachen. Es ist doch nichts
Schönes oder Heroisches oder dergleichen, der militärische Drill. Das
Gebrülle, die ewigen mechanischen Bewegungen, zehntausendmal ist
jeder Griff geregelt. (Gestern war »Tag der Phalanx«, erzählte Hipponax.
Er sei nicht gewesen. Das Publikum durfte in alle Kasernen; große
Schaustellungen, Revüen.)

Spät: (Da erst frisch und kühl). Wir saßen an einem Tischchen draußen. Die
Abendluft wurde gelb und rot; Wortgeflatter und Gelächter überall. Der
Mond erschien, in der Gestalt eines Menschenauges, zwischen den
Zelten; goldschlackig. Monika, elfischerer Gebärden und Worte mächtig, als unser irdenes Gestirn vermag, saß vorm Eingang (ich neben ihr);
wir aßen von Fischen, tranken ein bißchen. Ich mußte Etwas von mir erzählen; »Oh, 18 Jahre! – Und gleichzeitig Aristoteles- und Alexander-
verehrer! . . . « sagte Agathyrsus mit Bühnenklang und anerkennend (ich
schreibs auf, weil ich mich üben will, mich über Dergleichen nicht zu
ärgern!) Reiseziele. Sie wollen auch nach Babylon, und zwar auf dem
Flusse, weils am mühelosesten geht (und am schnellsten wohl auch
noch). Ich faßte dann ein Herz (es war ja schon fast dunkel, und seit
gestern kämpfte ich schon damit); ich fragte das blasse wilde Zauber-
gesicht neben mir: ob ich mich vielleicht anschließen dürfe; ich hätte
auch Geschäfte in Babylon, den Brief. Zuerst lächelte sie malitiös und

amüsiert, aber sogleich wurden ihre Augen steinhart und kühn: »Ach, Sie haben einen Brief von Aristoteles? An Aristodemos, des Sophron Sohn? Den bei der Leibwache? – Nicht doch!?!«. »Das ist Ihr Vaterbruder?!« fragte auch Hipponax interessiert, und sie wechselten flink erstaunte Blicke. »Man muß immer vorsichtig sein«, sagte sie, und schüttelte ihren dünnen bunten Schuh aus (Sand). Wahrscheinlich meint sie die Schlangen. Oder Skorpione.

Im Zelt: Hinter dem dünnen Vorhang sieht man ihren Schatten. Wir lagen schon in die Decken gewickelt, und sahen gedankenlos ins Florlicht. Büchschen klapperten; eine Bürste harfte ihr Haar; der Schatten bog sich; er fragte: »Ja also: kommen Sie mit?« Ich richtete mich auf; ich sagte verloren, atemlos, und vertan »Ja.« Und: »Gern« Und: »Ich danke Ihnen!« Sie machte zufrieden: »Mm.« 14 Tage.

10. THARGELION: Waren schon ganz früh unterwegs, Monika und das Gepäck auf einem Zweiradkarren, wir ritten auf Eseln nebenher (Sie war völlig umschleiert; »damit die Haut weiß bleibt«, hatte sie erklärt.)
Prächtigste blühende (»lachende«) Landschaft; wogende Felder, einzelne reiche Dörfer dazwischen. (Bei näherem Hinsehen entdeckte man allerdings Spuren des Verfalls, oder vielleicht mehr Nachlässigkeiten an den Gehöften). »Die Parysatis-Flecken« erläuterte Hipponax, der immer verläßlich bekannt schien. Nie war es still auf der Landstraße; Bauern, Pferdeherden, marschierende Soldaten, Pferdeherden; Alles trotz der glasstarren Goldluft. Gegen Mittag begann das Land sich zu wellen; wir kamen auf einsamere Richtwege, in lockere Haine, durch seltsam verschlungene grünglühende Wiesengründe, in deren einem unsre beiden Mietsknechte auf kurze Zeit abschirrten. Wir aßen ein bißchen weißes Brot und gelbes funkelndes Mus; das Wasser holte Monika, in Diploidion und roter Kappe, mit langen weißen Beinen, aus dem Bach. (Ich dachte der thessalischen Mittagslieder des Diagoras: »... Pan schlief auf heißer Lichtung ein; / nun schweigt der Bach, stumm blitzt der Stein, / und auch mein Herz muß stille sein: / wer weiß, was mir geschieht. / Ein Märchen, ich vergaß es bald, / sagt, der wird toll im Mittagswald, / der eine Nymphe sieht. / Im Bächlein flirrt der goldne Sand; / ich geh' und kühle meine Hand. / – Was huscht herein, und leert den Krug, / und müht sich schwach und zart genug, / mit dünnen Silberarmen? / Sie schüttet in den Bach hinein / farbige Muscheln, bunten Stein, / und trägt auch Tang und Fische ein. / Ich liebe dich. Sprich: liebst du mich? / Bleibt süß und traurig ihr Gesicht ...« – Was ist eigentlich aus ihm geworden? Agathyrsus wußte auch Etwas von ihm; er hatte ihn, selbst

noch ein ganz junger Mensch, einmal am Hofe zu Pella gesehen. »Zu
Pella –?« fragte ich erstaunt; und er antwortete mit einem komplizierten
Mehrfachlaut, so daß mir weitere Erkundigung untunlich schien. Sie
schlang mit dem Fuß aus dem Knöchel heraus einen kleinen Zauber-
knoten in die Luft, tappte einmal mit der roten Hacke auf, und aus war
ich!)

Am frühen Nachmittag gerieten wir auf Parkwege, jetzt zwar vernachlässigt, aber
immerhin groß angelegt. Schöngestaltige Bäume, straffer Rasen. Dann
erschien in der Lichtung die weitläufige Villa des Statthalters Nikanor,
zur Zeit von der Militärregierung beschlagnahmt: Zahlmeister, Offiziere, Boten; zahllose Weiserschilde: Truppenbetreuung, Nachrichten,
Kartenabteilung, Marketenderwaren. Ein kleines Zeltlager zur Seite mit
vielleicht 120 Soldaten (wohl auch meist Schreiber, Burschen und
Ordonnanzen).

Agathyrsus und Monika produzierten ihren Geleitschein als Theater-
gruppe, und wir bekamen wenigstens gleich einen Raum für uns, am
Gehölzrand; eine Art Parkwärterhäuschen, in dem jetzt Decken lagerten. War ja egal. Der schlanke Intendant küßte Monika laufend die
Hand; versprach, sogleich den General zu benachrichtigen, arrangierte
eine Vorstellung für die Offiziere (»nur im engsten Kreise«!), schritt
elastisch ab. Ich sah sie bittend an; aber die Verwilderte, Verwunschene,
Gottlose schüttelte kalt den Kopf: »Die haben Alle Geld.« sagte sie
sachlich und anerkennend, und auch Agathyrsus hatte schon Augen wie
alte schmutzige Silbermünzen neben seiner großen gebärdenden Hohn-
nase. Sie suchten auch sogleich mit Hipponax' Unterstützung ein paar
Kostüme und Tücher heraus; dann gingen wir noch ein wenig durch das
Paradies. Ein alter Hausmeister, noch aus der Perserzeit her, machte den
Führer; nur noch wenige zahme Tiere (»Viele sind von den Herren
erschossen worden« berichtete er ausdruckslos; »also im Suff.« stellte
Hipponax kalt fest, und der Alte ging näher auf seine Seite). Von den
Dörfern umher sagte er, daß sie »zur Erhaltung des Gürtels der Köni-
gin« dienten, ganz im alten Stil. Ein See tat sich auf mit ruhigen
Baumsäumen, unser Bächlein mündete ein; er trippelte auf einen kleinen
hölzernen Landungssteg, und sofort zeigten sich im Wasser viele bunt-
schuppige Fische, denen er aus spitzer metallener Tüte Brosämchen
schüttete. »Es sind Götter« murmelte er ehrerbietig, und erzählte ein
altes Feenmärchen, wie einst hier eine reiche Stadt gestanden habe; die
verzauberten Einwohner seien eben diese Fische usw. usw. Müßige
Offiziere kamen uns entgegen, näselnd, rasselnd; entführten Monika
Arm in Arm (Agathyrsus hinterher) über das Brückchen des Darakos.

Zurück, beim Zeltlager, traf ich Hipponax mit einem Feldwebel von den agrianischen Jägern (Lampon hieß er, wie ich; komisch: H. scheint einen natürlichen Hang zum Militär zu haben; immer macht er sich an Soldaten ran). Der erzählte gerade vom Zuge nach dem Ammonium: erst wären sie längs der Küste bis Parätonium marschiert (nur ein ganz kleiner Teil der ägyptischen Armee, nebenbei), von da aus gegen Süden durch die Wüste. Auf der Hälfte des Weges fing das mitgeführte Wasser an zu fehlen, aber die in jenen Gegenden so seltene Erscheinung eines ergiebigen Regens half ihnen aus der Verlegenheit. (»Zeus Nephelegereta war sichtlich mit seinem Sohne« sagte der ganz überzeugt; dabei schien's sonst ein leidlich abgeschliffener welterfahrener Mann, obwohl von einfachster mazedonischer Herkunft. Wie's in solchen Köpfen aussieht, wird unsereins nie begreifen können; aber Hipponax verstand es, mit keiner Miene zu zucken). Auch zeigten sich gleich nach dem Regenmirakel zwei kleine fliegende Drachen als untrügliche Wegweiser der ferneren geraden Straße. (Zwei Raben warens! Ich habe alle die Reiseberichte einmal mit Aristoteles durchgearbeitet, als wir die Weltkarte überholten! Diese sehr natürliche Erscheinung von Vögeln, die ihren Fraß bei dem ziehenden Haufen suchten und ihre Richtung nach der einzig wirtlichen Gegend zurücknahmen, wurde natürlich gleich als neues Wunderzeichen erklärt. Wieder ein Beispiel, daß das Volk, selbst als Augenzeuge, einfach nicht vernehmungsfähig ist. – »Die Gelehrten sind das Licht der Finsternis«; s'ist schon wahr!) Viel Aufhebens von der Sonnenquelle (welche des Morgens und Abends mit lauem, Mittags mit kaltem, um Mitternacht mit warmem Wasser hervorsprudelte), die sie schon aus Herodots Erzählung kannten, und sie auch auf die angegebene Weise fanden, weil sie sie so zu finden wünschten. (Im Grunde ist sie ja eine gewöhnliche frische Quelle, deren Wasser am heißen Wüstenmittag äußerst kühlend erscheint, in der klaren fröstelnden Nacht dann aber mehr Wärme zeigt als die Atmosphäre). Interessant war nur, daß er bei den Wenigen gewesen zu sein vorgab, die bis an den Vorhang mitdurften, und deutlich gehört hatte, wie der Hohepriester (den er ausführlich und eindrucksvoll beschrieb: langer Bart, Hieroglyphen an der Mütze) »Heil Dir, Sohn des Zeus!« gesagt habe. – Signale von der Freitreppe: er entschuldigte sich: Dienst. – Himmel mit weißen Wolkennelken bedruckt (so still hielten sie, nur ein Fliederblättchen drehte sich zuweilen hoch).

»Es war doch wohl eine Dummheit von ihm gewesen« sagte ich bitter zu Hipponax »er hat letzten Endes doch seine Absicht verfehlt, und sich das Leben dadurch verbittert; denn die vernünftigen Mazedonier« – »auf die es nicht ankommt« schaltete Hipponax ein – »kann er auch mit solchen Mätzchen nicht zur Andacht bewegen.« Er nickte mit zusammengekniffenen Lippen: »Gewiß« sagte er, »schon damals beschloß er wohl halt ganz bewußt, sich von den Griechen zu distanzieren; denn deren freimütiges Benehmen ihm gegenüber war den anders gewöhnten Asiaten unglaublich anstößig. Er wog also kalt die Machtmittel ab, und hat ja seitdem alles vorbereitet, um sich jederzeit nur auf den Orient stützen zu können. Ich wüßte ...«

Aus allen Türen und Zelten trappelten hurtig Soldaten, formierten sich zu einer kurzen Linie, sechs Glieder tief, wurden gerichtet. Unser Bekannter stand vor der Front und hielt Appell. Alles mögliche: über Bekleidung, Drohung mit leichten Strafen, »Waffen vorzeigen!«, Missetäter rechts raus, Postausgabe, Kommandos wurden eingeteilt, Anordnungen verlesen. Ein persönlicher Tagesbefehl Alexanders (wir hörten eifrig zu.): die Einrichtung des »Lebensborns«: er übernimmt die Sorge für die »seinen Soldaten« von asiatischen Frauen geborenen Kinder. Diskrete Erledigung zugesichert. Die Heimat erfährt nichts davon; garantiert nichts. – Alle beantragten sofort Nachturlaub. (Hipponax lachte ironisch; aber doch auch erregt, über mein empörtes Gesicht. »Es ist unschätzbar für Sie« sagte er ingrimmig, »daß Sie die Welt kennen lernen. Ein Kommentar ist ja wohl überflüssig –« Ja; war überflüssig. Also solche Lumpen; Schweine!)

Sonnenuntergang: Sie sind immer noch nicht zurück. Hipponax kam aus dem Warenlager; er hatte ein paar feine Fackeln gekauft. Guten kaspischen Wein. »Pantomimische Tänze führen sie auf« berichtete er lakonisch »so: Apollon und Daphne; Amor und Psyche;« er zögerte unmerklich »auch Leda –« sagte er barmherzig; lachte: »Agathyrsus als Schwan ist großartig«; schüttelte den Kopf. »Nun, des Geldgewinnes halber macht man Viel«, erwiderte ich welterfahren, aber mit blinden Augen. Er nahm mich ernst: »Ja, mit Geld wird hier rumgeworfen« gab er zu »obwohl Monika wohl auch der Lust halber mitgeht.« (Ein Arzt könnte nicht vorsichtiger sein.)

Gekritzel: Beide kamen betrunken zurück. Setzten sich zu uns vors Haus. Um Mitternacht. Das Haar straff zurückgekämmt, mit breitem Band über den Scheitel gehalten; nach hinten, sommerfädige Webe, selig auseinander wuchernd. Mehr Wein mußte herbei; noch neue Fackeln. Unheilig pfiff und wortete der schmale wilde Wünschelmund. Sie wies mit dem Kopf auf mich: »Ich hab' auch eine Botschaft an Alexander« sagte sie, duckte in die Tür, und kam mit dem breiten flachen Kasten wieder; darin ein Bild »Thais ihrem angebeteten Alex« stand auf der Rückseite: Eine vom Zentauren entführte, nun auf ihm reitende

Nymphe, die, schon gewonnen, den schalkhaft in beide Hände genommenen Mond ausbläst; Gebüsch und Wiesen im Abenddämmer; und meisterhaft gemalt (Apelles). Thais ist Monikas Freundin. »Ja, er liebt sie bathykolpos« sagte sie, mit frechem nacktem dünnem Finger zeigend, es mir boshaft ausmalend, und fügte so Schamloses hinzu, daß die Nase des Agathyrsus auf's Neue ihren zuckenden Kordax ausführte (aber nur über meinen errötenden Unwillen, nicht über ihre Anmerkungen) »Ich bin nicht sein Typ« sagte sie verschlagen, »aber wenn er betrunken ist, macht er Alles: denk an den Mord des schwarzen Kleitos, den Brand von Persepolis. Vielweiberei: Roxane, Stateira, Barsine, Thais«. Auch Agathyrsus wußte immer neue Namen. (Leider ist es wahr; er hat peinliche Schwächen: am Schlafbedürfnis und an der Neigung zum anderen Geschlecht, soll er neulich gesagt haben, erkenne er, daß ihn noch etwas von Göttern unterscheide).

»Nebenbei: er soll krank sein« sagte sie, den Kopf wiegend, sog an dem braunen glatten Wein, prustete auflachend: »... in diesem Sinne –« Ich hörte ihre Atemzüge; es standen nur ein paar Kisten zwischen uns.

11. THARGELION: früh Abschied von den Laffen; Einer küßte sie schamlos in die Innenfläche der Hand. Drei Pferdegespanne fuhren nach Thapsakus, Bekleidung holen; da hatten wir viel Platz drin. Monika, schläfrig und faul, zählte Geld mit Agathyrsus; anschließend Debatte, ob man auch noch nach Barbalissus gehen sollte (ist ein Landschloß dicht oberhalb Th. am Fluß), aber Monika lehnte ab: »s' ist auch bloß MilGov da. « (Wahrscheinlich ist nur der geldgierige A. an Allem schuld!) – Ziemlich eintönige Felder draußen; einmal hatte man sogar den Versuch gemacht, Sylphion anzupflanzen, interessant. Überzüchtete Äpfel mit hektisch roten Backen.

Thapsakus: Uralte große Stadt, hauptsächlich auf dem rechten Flußufer gelegen (drüben ist nur eine kleine aber geschäftige Neustadt). Schöne steinerne Brücke über den Euphrat, sehr fest und bequem, breit.

Wir erhielten (mit Mühe!) dürftige Unterkunft im offenen Hof eines Karavanserai; in der Mitte ein freier Platz; kurze brusthohe Mäuerchen aus den Wänden teilen Boxen ab: eine davon kriegten wir. (Haben erst einmal den Mist herausgekehrt; Hipponax, bronzen und beherrscht, erzwang vom Besitzer eine flache Holzpritsche; unsere Decken darauf; das Gepäck. (Nebenan röchelten 4 Kamele, webten mit den Köpfen, Brunstblasen an den Warzenhälsen; auf der andern Seite, an der Mauer, ein paar Araber mit zwei verschleierten Frauen, alle dürr wie Leder – es ist ja der große Umschlagplatz für deren Handel von Süden, Arabia eudaimon, und der Phönizier von Westen her). Hipponax wurde beauftragt, das Boot zu mieten (d. h. er war ohne Diskussion der Mann dafür), und lud mich ein, mit ihm zu kommen.

Die runden Kähne wirken doch merkwürdig, wenn man sie so in Dutzenden beisammen sieht; manche sind aber enorm geräumig. Nach derbem Handeln kriegten wir endlich einen für Übermorgen: die beiden Führer wollen's in einer Woche bis Babylon schaffen! (Sonst rechnet man meist 10 Tage: nun, der Fluß geht schon reißend, die Schneeschmelze oben hat dies Jahr früh begonnen. Aber teuer ist's auch; die Hälfte von meinem Geld ist weg!)

Großausstellung am Dreiecksmarkt: Der Fall von Tyrus, mit Reliefkarte, Modellen etc., tyrische Waffen. Hipponax bezahlte sofort unsere zwei Drachmen, und wir schritten durch die Schaustücke. Die Belagerungsmaschinen wirkten fürchterlich, wie Insektenriesen mit stakigen Gliedern, haushoch, friß die Mauer. Er lachte bitter: »Ja, ja: in tausend Jahren werden sie soweit sein, daß auf der Agora jeder Stadt ein Apparat mit Handgriff und dieser Aufschrift steht: Ziehe und Du zerstäubst den Erdball!« »Und wer wird ziehen« fragte ich ermüdet (vom Neuen). Er hatte die breiten Arme vor der Brust gefaltet, und sah stumm durchs Balkengewirr. »Ja: Wer –« sagte er schnell und sachlich, zuckte die Achseln, sann höhnisch und abwesend: »... vielleicht ein Mädelchen, das eine schlechte Zensur bekommen hat; oder ein trunkener Gefreiter, der sich vor der kichernden Geliebten brüstet; oder ein neunzigjähriger Bauer, der einen Prozeß um ein Wegrainlein verlor –« Er nickte, bitter amüsiert, lachte kurz: »Oder –« aber er fing sich wieder, sah mich von der Seite an und sagte: »No – das können Sie sich ja noch viel pikanter ausmalen und formulieren – vielleicht zöge ja auch Lampon von Samos, wenn Monika es wollte –?« (Aber sein Lachen war schalkhaft, gutmütig). – Draußen fügte er noch hinzu: »Wer noch leben will, der beeile sich! – Fürchterliche Kriege werden kommen ...« Im Goldbrunnen dieses Tages.

Hinterm Feuer (Monika wollte unbedingt Eines, nur ein kleines, es sei so malerisch). Alle Anderen hatten allerdings auch welche.

Agathyrsus hatte einen Bekannten aufgegabelt, Schreiber bei einer Gesandtschaft (zu der wir schon für morgen fest eingeladen sind, ich auch; sie kommen geraden Weges von Alexander. Gut.) Beide schon ziemlich animiert. Auf dem Innenraum ein breites Geflamme: entlassene Veteranen aus Babylon; sie prahlten und johlten: »18 Jahre bin ich dabei!«; rühmten: Alexanders Mut, Größe, Güte; zeigten die Halsketten, die er ihnen eigenhändig umgehangen hat; Orden. Wie es anfing; der

Übergang über den Hellespont: das Opfer auf dem Grabhügel des Protesilaos; mitten im Hellespont das Trankopfer; wie er, schon vom Schiffsbord, den Speer in die asiatische Erde schleuderte, dann als Erster ans Land sprang, und dort den Altar errichten ließ. Die Wettkämpfe an der Stätte, wo Troja gestanden hatte (wenn mans so erzählen hört, macht es einen unangenehm gekünstelten und berechneten Eindruck; wenns spontan geschehen wäre: aber so war Alles doch wohl nur übles schlaues Theater). Einer sprang auf, gröhlte gerührt: »Alles verschenkte er an seine Freunde! Für sich hat er nichts behalten; Nichts: gar nichts!!« Und Jeder schwenkte die Arme; Münder und Becher gafften hohl: auch Agathyrsus trank nochmals, prustete mokant, murmelte: »Pleite war der Bube; ja, ja! Er mußte Krieg machen; er konnte das Riesenheer sonst nicht einen Monat länger erhalten! Es fehlten sogar die Mittel zur bloßen Verwaltung Mazedoniens, sodaß er sogleich nach den ersten Beuten große Summen an Antipater schicken mußte –« »Nach Ihrer Ansicht sind das also bloße Raubzüge gewesen?« sagte ich verächtlich zu dem Halbtrunkenen (er nickte vielmal; Monika, vorsichtig, lenkte ein, sah mich an, mit Brauen wie dunkle Amselschwingen).

Drüben ging es weiter: wie er das Wasser vergoß in der Wüste. »Ins Unendliche wollte er: das Größte! – Wir aber waren erschrocken –« fügte er treuherzig hinzu, »doch waren wir die Ersten, die den großen Ozean beschifften, Indusabwärts«, und dann logen sie von Indien. – Also: das stimmt Alles nicht! Er wollte gar nicht ins Unendliche; ich habe bei Aristoteles denselben Geographieunterricht wie er gehabt; und der hat mir oft gesagt, wie er mit Alexander genau die Grenzen der Ökumene besprochen habe. Gleich hinter dem Indus im Osten ist sie ja bekanntlich zu Ende, und er wollte eben ganz bewußt diese Ökumene beherrschen. Zunächst. Und im Südmeer ist schon vor 150 Jahren Skylax von Karyanda gefahren, und die Araber tuns wahrscheinlich laufend im Indienhandel. – Das sind Unwissende! –

Agathyrsus sagte schnalzend: »Die gehn um Neue zu locken. – 20 Mann werden entlassen, mit Medaillen und Geschenken überhäuft – dafür lassen sich dann 20000 verführen: Die Bändel-Methode der Großen. Und die Dummen fallen drauf rein ...« Ich zwang mich, sachlich zu sein; ich überlegte: er hat schon Recht; aber er sieht nur die eine Seite. Natürlich kann man es auch Trick nennen und Spekulation auf die Dummheit des Pöbels: aber es geht um Großes, und da ... Hipponax sah mich fest an: er sagte: »Der Zweck heiligt die Mittel nicht!!« – Pause. »Was halten Sie eigentlich für den Zweck?« leise und wie zerstreut.

65

Im Schlaf: Was ist der Zweck? Warum schläft Alles? Der Hof hängt an blauen Rauchseilen; ja, was ist der Zweck? Das ewige Friedensreich doch wohl; oder – – ? – Ein Weltreich; ja, ja. – Ich muß mir immer vorstellen, wie er schon in Thrazien die Vorbereitungen für das Troja-Theater trifft; das Altar-Bau-Kommando wird eingeteilt, so ganz kalt. – Widerlich!

Die verfluchten Kamele! (d. h. die wirklichen neben uns!)

12. THARGELION: Tag heiß; heiß. Haben über die Ecke, hinten, eine Decke gespannt, damit wenigstens ein schattiger Platz da ist. Staub und Tausendseschrei; ich bedauerte Monika, aber sie spannte nur abwehrend die Stirn: »Wenns nie schlimmer kommt im Leben ...« murmelte sie kalt. Auch Agathyrsus schlief unruhig, ein Deckenwulst; sie haben alle Gleichgültigkeit der Vielgequälten (dabei Intellektuellen) gegen Dreck.

Beobachten wird schnell langweilig: Hipponax (der heute Abend beim Gepäck bleibt, »die Stellung hält«, wie er im Heeresstil unserer Zeit sagte), setzte sich neben mich, und wir tauschten vor lauter Nichtswürdigkeit Rätsel und Zauberkunststücke aus. Ich machte ihm ein 16 Felder-Quadrat, legte die Zahlen von 1–15 durcheinander darauf und ließ ihn, durch Verschieben über das freie Feld, die normale Ordnung herstellen (er kannte es noch nicht). Dafür erzählte er: »3 Weinsorten hat der Händler nebenan, den Krug zu 10,3 und ½ Drachmen; hier sind 100 Drachmen: holen Sie 100 Krüge«, und fügte hinzu: »Nicht das Ergebnis ist interessant, das errät man leicht. Wohl aber der exakte mathematische Lösungsweg, über Aufstellung der Gleichungen –« Na ja; bei der Hitze kann man nicht immer geistreich sein.

Mittags: Ein Stück zweideutiges Fleisch, zäh und brüllend scharf. (»Gut für den Durst heute Abend« meinte Agathyrsus, »wir werden ein phantastisches Gefälle haben«)

Ein kleiner Saal: (ganz feuriges hellgelbes Licht, prachtvoll).

Die Gesandtschaft ist aus Tarent; Agathyrsus kannte zwei davon. Er führte mich ein als »Lampon von Samos – bevorzugter Schüler des Aristoteles, und Neffe des Aristodemos. Von der Leibwache.« »Ach« hieß es, »Aristodemos, des Sophron Sohn?! Gut. – Nun, da sind wir ganz unter uns. –« (Scheint ein bekannter Mann zu sein, der Onkel. Beliebt.) 10 Namen blähten sich, verneigten sich, Klinias, Lamprokles, Archytas, Hippodamos, Philostratos, na, ist egal. (Namen wie Möbelwagen!)

Polster mit hellgelbem glänzendem Rips. Alles war aufgeregt; man trank viel und rasch (ich auch). In einer halbrunden Nische stand

Monika in Chiton und Himation und sang. Schöne alte Lieder, mit ihrem etwas verdeckten Sopran. Er begleitete sie, abwechselnd auf der Theorbe, Syrinx. Es waren ganz einfache Gesänge ländlicher Art, kühl und bukolisch; Hü – a – ho, hü – a – hü – a – ho; hirtenstill und einförmig klang des Agathyrsus Flöte (»Phyllis, die im Kahne saß, drob des Ruderns ganz vergaß ..«) Dann lag sie, etwa mir gegenüber, auf der Kline und plauderte klug, sehr sicher und erfahren.

Die Becher wurden größer; in jedem schwamm ein Fruchtstückchen, ein Mohnblatt. Klinias neben mir fragte nach Aristoteles: »Er soll alt und schwächlich sein? – Ja? – Die Alexanderfreundschaft ist ja wohl auch aus, eh?« Er lachte verbissen: »Tut ihm allerlei Tort an, was? – Ja, ja, er hat vergeblich versucht, dem Halbbarbaren einen Firnis von Kultur zu geben. Na, er ist ja vollständig verrückt geworden: läßt Hephaistion in Ägypten einen Tempel erbauen, als Halbgott; hab' ihn selbst auf der Herreise gesehen: ein Peripteros mit korinthischen Säulen!« (Er betonte die korinthischen Säulen, als bestände gerade darin eine besonders abgefeimte Lästerung). Schnaufte, hielt mir beteuernd breite trunkene Hände offen hin: »Du glaubst es nicht? Du solltest den Wahnsinnspomp am Hofe sehen –« Er unterbrach sich: »Hast Du nicht gehört, was bei Hephaistions Tod geschah? Scheiterhaufen: 180 Fuß hoch, 12000 attische Talente wert, Bilder, Statuen, Schmuck darauf: Alles verbrannt!! Wochenlang nichts als Epoden und Fumigationen – ach, es ist –« er brach erschöpft ab, trank, schüttelte den Kopf, starrte mit sorgengepreßtem Mund gegen die Wand. »Stell' Dir vor: das Zelt! Das Riesenempfangszelt!!« Schon schrie es von allen Seiten: »Also in der Mitte steht ein Goldthron – massiv; hinter Schleiern –«. »Auf 100 Sophas sitzen Favoritenreihen: hundert. Ja!« »Bei jeder Audienz –«. »Nein: laß mich –: 500 persische Trabanten in seidenen und purpurnen Gewändern, auf der andern Seite 500 mazedonische Silberschilde!«. »1000 barbarische Bogenschützen mit Zobelköchern! 1000 Mann von der Phalanx!«. »Alles im Zelt, wohlgemerkt! – Außen herum dann 10000 Perser, dazwischen abgerichtete Elefanten.« »Generale, Hofleute, Diener –«, Klinias spuckte aus: »– nichts als Proskynesis: auf dem Bauch sind wir förmlich durch die Halle gekrochen:« er krauste wütende Lippen: »und dann durften wir leise zu irgendeinem greisen Salzknaben flüstern, der es an den weißseidenen Vorhang weiter gab –« er lachte giftig: »Oh, armes Griechenland, wie geht es dir so bös –« (Das alte Spottlied). Ich hatte auch mehr getrunken, als mir gut war.

Die Stimmung der Nachtschwärmer wurde ausgelassener: einer der Jüngeren plagte Monika um noch ein Lied. »Soll ich? –« fragte sie mich unver-

mittelt; ich schrak selig auf; ich sah in trunkene Mäuler um mich
»– Nein –« sagte ich atemlos: sie hob bedauernd die dünnen Schultern zu
dem Hüpfer: »– dann geht es leider nicht – –« (So fing sie mich!)
Politische Befürchtungen über Alexanders nächsten Zug: »Er rüstet gegen Arabien, gegen Karchedon, Rom, Tartessus, die Hyperboreer – Alles!«
»Och, Rom würde es schon nichts schaden! –«. Klinias beugte sich zu
mir, wie aus Schleiern; ich fühlte meine Lippen nicht mehr, wenn ich
hinein biß: »– aber die Generale meutern –« flüsterte er geheimnisvoll,
»es geht nicht mehr lange – denk an die vielen früheren Verschwörun-
gen: Philotas, Kallisthenes! Offiziere – Intelligenz – Alles meutert …«;
»Daß er krank sein soll, ist bekannt?? –« fragte er laut und sah Agathyrsus an; der nickte, ohne den Kiathos abzusetzen.
Später neigten wir uns: Monika schritt an meinem Arm durch die Wände;
Gesichter, Hände, alles goldbespannt.

In der Nacht, in der Nacht: Wind pfiff ein Spottlied auf mich. Wir liefen
leicht und schleifend im Diebesschritt einher. Rauch kroch krautig und
wachsgelb auf einem flachen Dach. Kam eine Bildsäule, wurde sie auf
die Zehen getippt. Worte in rot und schwarzkarierten Joppen.

Hipponax saß noch finster am Feuerrest; »Haben Sie's rausbekommen?«
fragte ich ihn. Er maß mich, begann zu lächeln. Ist ein netter Kerl.
(Gleich darauf wurde mir beinah schlecht, es ging aber noch).

13. THARGELION: (Im Boot). Hausknechte rumpelten uns hoch; wir standen
schaudernd im Nachtrest. Rasch das Handgepäck zusammengehauen
(oben fatschten die fürchterlichen Kamellippen. Die vier Kisten waren
schon im Kahn.)
Abstoßen: Rotes Grau, trostlos, öde Frierfarbe, im Osten. (Als wenns im
Westen auch sein könnte!). Der Fluß schoß lautlos breit und wiegend
vorbei, kalt von armenischem Eis. (d. h. die Hauptüberschwemmungen
sind immer erst im Skirrophorion). Sie (die Schiffer) wollen tatsächlich
in einer Woche unten sein: da werden wir wohl oft tief in die Nacht
fahren müssen (und vorsichtshalber ab und zu 'ne Kleinigkeit für Kastor
und Polydeukes ausgeben!).

Viele Waren in dem Rund (die Dinger sind doch enorm geräumig, wenn
man so drin steht!): Töpferei, Fliesen (schöne bunte; werd sie am Tage
näher besehen), Lederschläuche mit einem schwarzen süßen Kräuter-
wein (natürlich wurde sofort einer gekauft; Agathyrsus hat ihn als
Kopfkissen: das mache angenehme Träume, behauptete er – exzen-
trische Leute).

Bebautes Land am Fluß (ich guckte nur mal aus den Decken heraus);

zuweilen dreht sich unsre Lederschale blitzschnell in den Strudeln. –
Sura: irgend son Negerdorf.

Lange geschlafen: (die Andern tuns noch). – Verworren und mürrisch über die
letzten Tage nachgedacht: einerseits haben sie schon recht. Unmensch-
liches Verfahren, diese Selbstvergottung. Und der abscheulich säuische
Lebensborn-Befehl.

Abend: Jetzt ists Gelb und Rot am andern Ende der Welt.

Maschensilber der Gestirne: hakiger Mond verfangen im nachlässig hängenden.
Drüben liegt Nikephorium (ein Flußmäulchen daneben: der Belias); ist
eine Alexanderkolonie, frisch gegründet, meist noch Holzhäuser. Am
Ufer war ein hoher Steinhaufen; ich fragte den ältesten der Schiffer (der
ein leidliches Griechisch zischelte): »Was ist das?« Er lächelte ältlich
unangenehm, nuschelte: »Ein Denkmal.« Für wen: »Den Gefallenen der
epeirotischen Phalanx, steht darauf.« Agathyrsus fiel ein; tat erstaunt:
»Den Gefallenen?! – Wie das! – Er hat doch nie über 10 Mann Verlust
gehabt?! – Halt doch: einmal gab er ja 115 zu!« (Ich weiß: am Granikos
hieß es im offiziellen Wehrmachtsbericht tatsächlich so) – Hipponax
tippte ihn an, zog ihn beiseite zu den Schiffern, kam zurück: »Ja,«
sagte er stirnrunzelnd, »es ist wohl besser, wenn wir drüben am anderen
Ufer anlanden. Für die Nacht festmachen also. Soldaten haben meist
den Unterschied zwischen Gut und Böse doch nicht mehr ganz so fest
wie geübte Bürger. – Ist sicherer.« Wir ließen uns schräg hinüber
treiben; Monika setzte sich auf den nach innen gewölbten Bord und
hing die geraden Beine ins Wasser; näselte ein schickes Liedchen (mit
heller heiserer Stimme: vom Trinken noch, wahrscheinlich. – »Sechs bis
sieben Küsse von ihr können ein Pferd töten!« behauptet Agath.
Gemein).

Die Feuerschale: (drüben brannte eine Baracke ab; Geschrei und Toben; gut,
daß wir hier sind!). – Zu Alexander fiel mir noch dies ein: Wer eine
Feuerschale durchs Leben zu tragen hat, dem kann sie wohl einmal
übersprühen (überfließen, -schäumen). Aber das wäre eher ein Bild des
Dichters, dachte ich dann auch; nicht des Tyrannen: der rennt wie eine
Fackel und steckt Dörfer und Städte in Brand. Gelegen und gezweifelt.
(Dichtungen: Protuberanzen einer glühenden Seele. Aber die Praktiker;
aber die Mouchards; Alle! –)

Monika neben mir: Wind bebte um unser Gesicht; sie öffnete den Mund und
atmete stark. Ihr Haar begann sich listig an den Schläfen zu regen.
(Lange rote Sandalenriemen hat sie).

14. THARGELION: Geweckt; noch Nacht. Unbeirrt flirrende Sterne: man kann
nur den Kopf schütteln. Drüben glomm noch der Schutthaufen; kleines,
klares, düsteres Rot, giftig dunstblau webernde Rauchstümpfe.

Im Boot war es so kalt, daß wir fast mechanisch an Schlauch und
Amphora ran gingen (in der einen war tolles Zeug, daß selbst Agathyrsus bebte; er hatte es als »Doppeleiche« gekauft: dem Hersteller gebührt
der Ostrakismos. Aber unheimlich wirksam). Monika sagte resolut:
»So; jetzt warten wir 5 Minuten, und dann wird gequatscht: aber
chaotisch, wenn ich bitten darf!« (Dein Wille geschehe!)

Agathyrsus weiß Alles: (Woher?) Daß Philipp und Alexander so gespannt
waren, daß Keiner mehr den Andern sehen konnte (vor allem wegen
Olympias, die Philipp wahrhaft fuhrknechtsmäßig traktierte). Natürlich
brachte er auch die unvermeidlichen Parolen: daß der Sohn habe den
Vater ermorden lassen (d. h.: es geschehen lassen!) »Das sind Altweiber-
märchen« sagte ich scharf »für die es keinerlei Beweismaterial ...«
»Nun, nun –« erwiderte Hipponax etwas spöttisch: »das ist noch kein
Einwand; denn man würde es ja nicht gerade zur Einsichtnahme an allen
Kreuzwegen haben aufstellen oder durch die Herolde ausrufen lassen. –
In einer wohleingerichteten Tyrannis geschehen noch ganz andere
Dinge, und kein Mensch bekommt jetzt oder später die ‹Beweise›. Aber
man erkennt den Schierling an vielen Zeichen –« er sah flüchtig nach
Agathyrsus hinüber, »– in den ersten 4 Monaten seiner Regierung hat
Alexander sämtliche näheren Verwandten, deren er habhaft werden
konnte, ermorden lassen: Amyntas ..« er hob die braunen Athleten-
hände, bog zählend die Finger ein; 14 Namen. (Agathyrsus grinste: »Die
Andern hat er nicht erwischt«; freute sich wohlig in der Morgensonne.
Was heißt das wieder?!) Ich senkte den Kopf; mir ekelte auch. – Ich hatte
das Alles nicht so –. Bedacht. Ja, das war leider die Wahrheit. (Und wer
das tut –. Es geht nichts über mein illuminiertes Gehirn).

Hob dann, um sich populär zu machen, die Steuern auf. Erteilte den
Makedoniern den »Ehrenrang« im Heere. Die Herrenrasse. »Meinen
Sie, die ganze Hellas hätte umsonst gefeiert bei der Nachricht von
Philipps Tode? Ein Großtyrann war beseitigt: das war schon Etwas! Den
Ehrenkranz hat Athen dem Mörder nicht nur aus politischem Haß
verliehen. – Ob die Welt nicht auch jubelte, wenn endlich Alexander ...«
Ich wiederholte automatisch Aristoteles: »Das höchste Ideal wäre natür-
lich ein harmonisches Weltreich; die vereinigte, dann friedliche Öku-
mene ...« Hipponax wurde unvermittelt ganz wütend: »Ihr Aristoteles
ist ein Idiot«, schrie er »ein weltfremder: wie kann Einer bei 100 nach
Sprache, Sitte, Religion, völlig unverständigten Nationen von einem

Weltreich faseln?! Allein Europa wird nie geeinigt werden können.«
Er fing sich wieder; sagte kalt unwillig: »Ich hätte Aristoteles und
Eure ganze Sorte für vernünftiger gehalten; aber eine Isophrene (Linie
gleicher Blödheit: Witzig!) verbindet unterschiedslos alle Menschen.
Und Völker.« Schön, sollst auch Recht haben! (Er hats auch! Aber
wenn Alexander ein Schuft ist, was sind wir dann erst?!) Aristoteles ist
natürlich kein Idiot. (Das heißt: mir wird langsam Alles möglich.)
Spärlicher: die Dörfer am Ufer. Auch ärmlicher.

Einer der Bootsführer, jung, zahnlos, angelt; träge, stundenlang. Zog
gegen Mittag einen armlangen Fisch heraus; Schuppen messerfarbig;
alles diese grünlichen Räubermäuler. Wie wird er schon heißen: –
Alexanderfisch? – (Alles lachte. Ja, ja; symbolische Beförderungsweise,
die unsrige: die Welt hat zu schaukeln begonnen.)
Zenobia.

Am linken Ufer mündet ein beträchtlicher Fluß ein; auch er hatte einen
Namen, wie alle ordentlichen Dinge in dieser Welt: Aborrhos. Und nun
soll dann morgen die Wüste zu beiden Seiten beginnen.
14 Verwandte: Das muß sich Einer mal vorstellen!! –

Auch Theben fiel mir ein: atomisiert wurde es. »Wer wider mich ist, den
zerschmettere ich« (ist aus seiner Hellespont-Rede damals; und Alle
haben Beifall geschrien! – Fast Alle). Tat mit Pindars Andenken schön,
um die Griechen, die literarische Nation, zu gewinnen. War dann wohl
auch nur Berechnung.

Doch schön auf dem Fluß; man hat Raum.

(Legten nebenbei an mit Dunkelwerden.)

15. THARGELION: Flußfahrt vom Mund des Aborrhos. Die Hügel wirklich
schon wüstengelb, fast mehr Dünen. Einmal ein einsames Balkenfort am
linken Ufer (muß auch ganz schöne Arbeit gewesen sein, das Langholz
tageweit hier raus zu fahren; die armen Bauernpferde!). Die Führer
gaben gleich 3 Namen dafür an: Nikanor's Stadt oder Europus sagen die
Griechen, Dura die Eingeborenen; muß wohl eine große Zukunft haben.
Mindestens Tausend: das sah wunderbar aus: die rötlichen Felle und das
schwarze gedrehte Gehörn, Gazellen und Hirsche gemischt. Die ersten
sprangen über die Uferböschung, standen und prüften, und dann
stürmte das ganze Heer in den Fluß, plantschte, schwamm, arbeitete
hinüber auf die andere Seite. (Später auch, weit in der Ferne, trabende
wilde Esel und Strauße).
Gegen Mittag: wurde die Hitze fast unerträglich. Nur alle Stunden einmal ein
wirres Baumgespinste.

Die Sandebene war mit Absinth und anderen wohlriechenden Kräutern besetzt. Wenn man kein Glied regte und die Augen schloß, war es prachtvoll: man saß wie in geschmolzenem duftendem Golde, in durchsichtigem. Einzelne Bergkuppen kommen manchmal näher, steinbruchartig wild, gefelst; braun mit grellfarbigen Adern, Marmor wahrscheinlich. (Zauberschlösser konnte man draus bauen, mit hohlen Säulen, in denen Wendeltreppen abwärts führten; sieh: sieh!)

Wind stöhnte im argen Himmel: der hatte die Farbe wie Menschenhaut; rote Wolkenstriemen, riemenschmal, waren hineingepeitscht. Der Strom schnalzte ein paarmal und rüttelte am Leder; aber die Schiffer blieben ruhig; erklärten: nur oben stürme und drehe es so, käme jedoch nie herab. Aber die Fische bissen gut. Sogleich knüpften sie Leinen an dornige Bronzehaken, spießten Klumpen des sanften grauen Brotes daran, und hingens in die gewäschigen Wellen.

Wo ankern wir heut? »Bei Tschil-Menar.« – »Was heißt persisch Menar?« fragte ich um mich. (Tschil ist vierzig); träumerisch murmelte Monika: »Menar: das ist so – ach, etwa pyrgos; Menar: der Turm-, oder Pfeiler; Menaré: das Türmchen.«

Mauern, Trümmer, Säulen: An einer breiten Steinplatte legten wir an. Es war wie im Traum heut Mittag. (Und das geht weit: eine halbe Stunde landeinwärts und nach den Seiten. Es heißt auch: die Ruinen von Korsote). Noch ist Alles warm vom Tage her: die Steine und der Boden. –
Sie haben ein kleines Feuer auf der Terrasse, machen flache Steine heiß, und schmieren ihr angerührtes Mehl handdick darauf: so wird also unser Brot gebacken. (da wischte es hinter mir: ganz kleine Wesen bewegen sich in Huschesprüngen, weg sind sie. – Schlangen gibts kaum hier; ist wohl eine Art Springmäuse).

Einen nehmen: Wir beschlossen »Einen zu nehmen« (d. h. wir fühlten Alle gleich. Die Nacht wäre auch zu schade zum Verdämmern), und der armenische Kräutersaft schluckt sich süß, herb und glatt und – ach. Dann Doppeleiche. Weh!

Monika: Dies war schon hinter Mitternacht. Sie wehrte den Becher ab, glitt ins Boot, und kam zurück mit dem kleinen Kupferteller. Vom tönernen Feuerkruge strich sie weiße Asche weg, löffelte sich ein Häufchen Glut, streute Hanfkörner darüber (schon wieder bei uns an eine Säule gehockt), und atmete begehrlich den Dampf ein: erst quoll er breit und ballig, dann milchlockig, dann mündete nur noch ein breites blaues Band zwischen ihren glatten Zähnen.

Der Mond ist in allen Kammern: Wie da Licht und Nichts rätselhaft geschäftig am Werke waren. Flossen graue Silberranken aus gittrigem Ästegekraus; breite Blattflächen blähten sich, bogen sich, schwanden langsam gerollt. Uralte Gesichter mit tropfigen verwilderten Bärten begegneten einander im krautigen Unterholz. Laufen um mich Agathyrsus und Monika.

Drüben ist ein Raum mit bauschigen weißen Seidenpolstern gefüttert. Gut zum ehrerbietig einen Becher trinken.

Grau fror Licht im Osten: ich blies Nasenluft, köpfeumschwebt. Odumonika. Ich schlug die Fäuste an eine Säule: da standen alte Namen .. ph. Wer betrunken ist, weiß den Weg; ich will viel trinken. Ich hob die Hand: ein weißes dickes Quadrat mit runden 5 Fingerstäben: ich winkte damit Monika! »Wir wollen eine Tür suchen. In diesen Wänden –« flüsterte ich fanatisch und golden klug: »– eine Tür! Die führt uns von Allem. Vom verfluchten Betrug.« Sie kam stählern schwankend näher an mich, sie sprach zischend und willig durch die Silberzähne: »Wohin –« Ich hob eine Hand über den Kopf und ließ sie blitzschnell magisch sinken: tief, – nach unten – durch bilderglühende Zimmer – durch die Zahl Unendlichfast – 7 Blutstropfen Sniöfiälls und ein Eulenschrei! Ich lief wandentlang, drückte in gemeißelte Vogelaugen, zog flehend an konventionellen Gewändern, einem Roß schlug ich Stirn gegen Stirn: sie schwiegen und kalt. Ich wandte mich zu IHR. Ich spannte mein Gesicht, daß es riß. Stein scheuerte hinten im Haar; mein Herz glockte. Sie trat auf mich zu. Und wir sahen uns in die Augen. Melaphryene.

Blutmäulig: eine Scheibe Rohfleisch kam das Sonnenstück über den Lumpenstrom. Und es blökte vom Äppelkahn her: ja, ja, ja, ja, ja ...! Ich faßte ihren leinenweißen Arm; ehrfürchtig; wir gingen; kindlich; schlafen. (Der Mondstachel schwirrte über uns).

16. THARGELION: Nach 2 Stunden aufgefahren, den ganzen Wein über Bord gespuckt; (Niemand hats gemerkt; bloß der wachhabende Schiffer lachte). Mir war zum Sterben gleichgültig. Alles vergiftet.

nach Mittag: Blöder Traum: wie ich als Adler mir als Mensch um den Kopf flog. Abgeschmackte Einlagen dazu: ließ mich mit Frühstücksbroten von jungen Arbeiterinnen füttern und ausgiebig bewundern. Alles Quatsch (Hätts gar nicht erst notieren sollen). – Die Anderen dösen noch immer.

Der Fluß beginnt Inseln zu bilden: sich zu winden. Sandbänke mit duftendem Gestrüpp. Oft müssen sie recht breit sein; denn erst weit östlich sieht man wieder das richtige hohe Ufer. Wahrscheinlich hat sich der mitgeführte Sand um eine Felsgruppe als Kern angesetzt; Samen wurden hineingeweht, angeschwemmt; denn sie sind verhältnismäßig viel besser bewachsen, als das andere Land (klar; der ständigen Umwässerung wegen!): viel mannshohes Buschwerk, zwar jetzt dürr, aber schon grünlich bereift; der Graswuchs muß monatelang üppig sein. Auf solchen Sandbänken immerwohnen: Nachts heimlich über den Bootsrand schlüpfen, hinüberschwimmen; mit Monika; im Duft leben (»von« Duft wohl auch, wie? ach, weg!): im Sand liegen; braun und gelb wird die Haut wie Sand und Fels: niemand erkennt uns mehr. In ihre Augen sehen; Fische darbringen; nachts um winzige Feuer sitzen, tief drinnen im Hag, oh Ewigkeit.

Belesibiblada: (bin nicht kindisch geworden!) ein Nest am linken Ufer hat den Zungenbrechernamen (Je kleiner das Objekt, desto pompöser der Titel).

Ah, wir erwachen: Erst wurden (zum Zähneputzen?) scharf schmeckende wohlriechende Holzzweiglein gekaut (dann über Bord gespien, kunstvoll). Darauf stieß sich Agathyrsus an der Kiste mit dem Thais-Bild, wodurch der ungezwungene Übergang zu einem Gespräch über heutige Kunst im allgemeinen geschaffen wurde. (Es ist aber auch übel glatt gemalt; so nichtssagende Schenkel hätte ihre Freundin nun doch nicht, mißbilligte Monika). Hier konnte ich viel mitreden (die Kunst mein' ich natürlich); denn Aristoteles hatte oft ziemlich scharf (und öffentlich) geäußert, daß sämtliche Künste, vor allem jedoch die darstellenden, durch die von Alexander befohlene Verbindung mit dem orientalischen Schwulst rettungslos verdorben würden. (Insofern wäre dann sein Tod ein Glück, zumindest für die Kultur). »Gewiß« sagte Hipponax entgegenkommend: »auch die Hauptstädte würden wieder mittelmeerwärts gelegt – denn das Reich zerfiele natürlich sofort wieder.« »Der beste Beleg ist ja seine eigene Umgebung« plauderte Monika boshaft, und erzählte dann von einem früheren Besuch am Alexanderhofe, wie er dem Choirilos (einem notorisch elenden Poeten!) nicht nur das Privileg erteilte, seine Taten zu besingen, sondern den Versemann auch so überreichlich belohnte, als ob er ein Homer gewesen wäre, und jedenfalls so, wie noch kein guter Dichter jemals belohnt worden ist. Ich erinnerte mich des Urteils eines witzigen athener Literaten, und zitierte ihn wörtlich: »Vielleicht gab es gerade damals keinen Besseren als diesen Choirilos; oder vielleicht suchte und fand dieser Bessere keinen Weg zu Alexanders Ohr. Vielleicht klingelten auch die Verse des Rhapsoden Choirilos gut ins Gehör, und Alexander, der keine Zeit hatte, darauf Acht zu geben, ob die Gedichte seines Hofpoeten im Ganzen gut oder schlecht waren, fand sie vortrefflich, weil seine eigenen Taten darin besungen waren. (Er läßt ja gerade noch Zeus Keraunos über ihm).

Wären sie gut gewesen, hätte er sie vermutlich nicht besser gefunden.«
»Schon möglich« sagte Agathyrsus behaglich: »vielleicht hatte er aber
auch eine Schwester, die einem Liebling Alexanders gefiel. Vielleicht
hatte er auch ein Gedicht auf den Schoßhund einer Geliebten Alexanders
gemacht, oder deren Elster sprechen gelehrt. Vielleicht erweist Alexander der Dichtkunst die Ehre, selbst Verse zu machen, und just diesen
Choirilos traf das Glück, daß er dazu gebraucht wurde, sie ihm schön ins
Reine zu schreiben – und die fünffüßigen Hexameter länger und die
siebenfüßigen kürzer zu machen. Und ein jedes dieser ‹Vielleicht› war
für sich allein schon hinreichend, um den glücklichen Choirilos, wenn er
auch der erste Dummkopf seiner Zeit gewesen wäre, in den Augen
Alexanders zu einem Homer zu machen.«

So klatschten wir: (es war aber doch wohl mehr; die Summe all dieser
Einzelheiten fängt an schwer bei mir zu wiegen). Deinokrates wurde
erwähnt, der ihm vorschlug, den Athos zu einer Alexanderstatue aus-
zuhauen, welche in der einen Hand eine Stadt von 10000 Einwohnern,
in der anderen eine riesige Schale, aus der ein nie versiegender Fluß ins
Meer strömen würde, tragen solle. Seine Verehrer erzählen, er habe mit
einer edelköniglichen Antwort abgelehnt; aber Tatsache ist leider, daß er
ihn zum Hofarchitekten machte, und ihm die Leitung sämtlicher Bauten
im ägyptischen Alexandrien (und anderen Städten noch!) übertrug: es
mußte allerdings in Chlamys = Gestalt angelegt werden, als Abbild der
Ökumene im Kleinen : also hatte die verfluchte faustdicke Schmeichelei
doch ohne Weiteres ihre Wirkung getan – war also auf seinen Charakter
berechnet gewesen. Oder Anaxarchos, der alle Untaten Alexanders (den
Mord des Kleitos z. B., oder die ‹Satrapenköpfe›) philosophisch begrün-
dete und rechtfertigte. »Im Gegensatz zu Kallisthenes« sagte Hipponax
ernst »das war ein Mann!« (Der Name durfte in Aristoteles Gegenwart
nie mehr erwähnt werden; seitdem datiert der Bruch mit Alexander).
Astrologen, Seher; Aristander von Telmessos.

Warum legen wir an?: Anatho, eine Festung (mit vielen Häusern darin) auf
einer Euphrat-Insel. Ah: die Bootsleute haben eine Ladung sidonisches
Glas für einen Kaufmann des Ortes. Dauert bis Sonnenuntergang.

Gang durch den Ort: mit Monika, die sich in einen jungen Mann mit
Schifferkappe und Chlamys verkleidet hat (Gelegenheit die Schenkel
beliebig lang zu zeigen). Steile Gassen; Treppen meist; man kann
ziemlich hoch steigen.

Gaffen über die Mauer: Hundert Ellen fast senkrecht über dem Stromspiegel.
Tauben kreisen klatschend auf. In der Zitadelle langweilte sich die 20-
Mann-Besatzung. Bergketten drüben (Doch wieder völlig öde, soweit

der Blick reicht) »Und ..« fragte sie; wir gingen. Die Sonne zog sich lauernd zurück. Die Schiffer wollten die ganze Nacht durchfahren (sind keine Riffe hier im Flußbett); obwohl er unerhört reißend fließt, fürchten sie nichts; geht auch unglaublich schnell, die Reise. Zu schnell. Endlich mal ein Tag nüchtern.

»Oh, ich weiß«: sagte Monika, im Boot liegend, an meiner Schulter: »woran Sie denken: die kleine Hellhaarige am Holzbottich – – ja?!« Ich mußte doch lachen: »Nein« gab ich zurück »das ist nicht das Richtige –«. »Und was ist denn Ihr Typ? – Darf man fragen – – –«; ich sah sie mit verzweifeltem Entschluß an, mitten in ihre Augen; »Oh, doch noch eine Liebeserklärung heute,« sagte sie, schon abwesend, gedehnt und listig; bettete gelassen ihre Haare in meinen Oberarm, und schlief sofort ein. Ich nicht.

17. THARGELION: Ödnis der Landschaft: nicht die erhabene Glätte des Sandmeers, sondern trostlos störend mit trockenstem Gestein verstellt. Erzeugt Kehrichtgedanken.

Ein verlassenes Dorf schwamm vorbei: (nicht verbrannt oder so: eben einfach menschenleer). »Das zweite seit gestern« stellte Hipponax fest ».. ich komme nicht als Zerstörer, sondern als Wiederhersteller der persischen Großmonarchie ...«. Agathyrsus feixte beifällig »Wie sich das anhört, nich?! Aber daß er sich zu allernächst mal auf diesen Thron setzen wollte, das hat er nicht erwähnt, was? – Die klügeren Perser haben das ja sofort durchschaut; deswegen zerstörten die einheimischen Magier ja auch auf Konto Alexanders das Grabmal des Kyros, um die nationale Erhebung zu schüren.« »Ja,« sagte ich: »es bleibt immer ein Wunder, wie er von dem kleinen Mazedonien aus das Riesenreich unterwerfen konnte. Es war ein Meisterstück der Eroberung.« Sie lachten unhöflich (auch Hipponax). »Ich will Ihnen sagen, was ein Meisterstück der Eroberung ist,« erklärte er »dieses dauert und trägt Früchte, jahrhundertelang, vor allem politischer und wirtschaftlicher Art: weil es eine neue, längst vorbereitete, längst fällige Einheit schafft. – Hier aber ist Folgendes vor sich gegangen: Persien, ein lockerer Nationalitätenstaat aus 100 Einzelvölkern, wurde von einem starken Heere guter Berufssoldaten auf einzelnen dünnen Linien hin und her, meist sieghaft, durchzogen, sorgfältig ausgeraubt, und in einzelnen wichtigen Plätzen besetzt. Erobert ist das Land ja gar nicht: unzählige Bergvölker, in Kleinasien, – ach überall – sind frei wie Vögel; viele Einzelfestungen trotzen noch immer: wer fragt am Indus oder bei den Skythen noch nach Alexander? Überall Partisanen. Das Land ist also nicht ‹organisch› erobert; zu so einer Unternehmung hätte sich ja auch ein vernünftiger menschlicher Feldherr niemals verstanden; er hätte den Wahnsinn von vornherein eingesehen. Alexander, sich auf Kleinasien beschränkend, wie Parmenion es ihm bei dem Friedensangebot des Dareios so dringend empfahl, hätte ein Wohltäter der Menschheit werden können: da hätte er dem Griechentum, griechischer Kultur überhaupt, eine neue wundervoll reiche Basis stellen können, es für längste Zeit hinaus sieghaft kräftigend. Nach 200 Jahren dann hätte ein weiser Nachfolger weiter gekonnt. Aber er hat damals schon die richtige Antwort gegeben: er würde dies Angebot annehmen, wenn er Parmenion wäre!! Es handelt sich eben bei ihm nur um die Befriedigung des Ehrgeizes eines dämonisch Einzelnen, vom Glück wahnsinnig Begünstigten; bei seinem Tode wird die ganze Seifenblase platzen, und der wahre chaotische Zustand der Dinge handgreiflich werden. 10 Staaten, in fürchterlichen Hundertjahrkrämpfen ständig Gestalt und Machtverhältnisse wechselnd, werden entstehen; eine ungeheure Summe von Leid und Elend –« er brach zitternd ab, drehte mir ein loderndes Gesicht zu: »Und Mazedonien-Griechenland? – Solche Unternehmungen können nur um den Preis völliger Zerstörung der wirtschaftlichen Kraft und des Volksvermögens geführt werden, trotz allem Geschwätz dilettierender Militärs – Sehen Sie sich doch die Heimat an: das Land ist verödet, die jungen Männer faulen in den Alexanderwüsten; auf den Marktplätzen wuchert Gras; der Rest geht in den Machtkämpfen der nächsten Jahrzehnte zugrunde. Griechenland hat seine Rolle ausgespielt, mein Lieber! Nach ein paar Menschenaltern kommen nur noch Antiquitätensammler hin; Reisende, die sich in Sparta Schauturnen ansehen, und aus Athen ein Schulmeisterlein mitnehmen. – Haha!« er lachte aber nicht, er zitterte wie eine Flamme; er warf seine Hand breit vor mich hin: »Zeigen Sie mir die Stelle, wo durch Alexanders Verdienst ein Grashalm mehr wächst: ich kann Ihnen für jede 100 zeigen, wo nichts mehr gedeiht!!!« Ich wich an die Bootswand vor dem Geschalle; ich stotterte: ».. aber die Pflanzstädte ...« Er lachte wie ein Unsinniger (duzte mich wieder): »Du bist ein Blitzkerl!! – Hast Du die Bruchbuden mal gesehen?! – Na, wie hier am Strom ungefähr! So 50 Alexandrias hat er gegründet – nämlich, wenn wieder mal 1000 Halbinvaliden zusammengekommen waren, die seinen Adlerflug unnötig hemmten! In Palisadendörfer an die Ränder des ‹Reiches› hat er sie gesteckt, wo sie in 5 Jahren entweder von den Barbaren umgebracht, oder in 50 selbst welche geworden sind: aber jeder kriegte 50 Parasangen Wind ums Haus, fürstlich, was?! –«

Schweigen: Monika zählt Gold; viel, ein feines Klingen: sie rechnete und hielt dabei spitze helle Finger mit spitzen hellen Fingern. (Keiner achtete auf sie; höflich). »Ja, und was spielen wir in Babylon?« fragte sie.

Das Repertoire: den fast schon klassischen ‹Sataspes› natürlich; dann ‹Am Brunnen› (ich weiß: ein flaches Tendenzstück, welches die Verschmelzungspolitik Alexanders gefällig feiert und darstellt: ein mazedonischer Feldwebel heiratet zum Schluß ein persisches Bauernmädchen); die ‹Geheimnisse von Aornos›, ein wüster Reißer mit feurigen Geistern, Racheschwertern, Grabgewölben und unendlichen Schätzen. Und ‹Mädchen unter sich›, eine Posse für Soldaten; mit unaussprechlichen Schweinereien, die zur Erhöhung der Wirkung den (äußerlich) kindlichsten der Komödiantinnen in den Mund gelegt sind; und worin Monika glänzte. Ich erzählte, um sie abzulenken, die (wahre!) Geschichte von den Schätzen des Sataspes und dem alten Skandal auf Samos; es war ihnen neu, und sie horchten neugierig zu. »Ganz schöne Summe −« sagte Agathyrsus anerkennend und süchtig »− was, Monika? −«, und sie nickte stark lobend, mit gekraustem Mund und anwesenden Augen.

In der Dämmerung: sahen wir einen Feuerschein auf dem Flusse: der schien zu schwimmen. »Is« erklärte der Alte, »− die Asphaltquellen fließen zum Teil ungenützt in den Strom, und junge Schiffer−« (er blickte mißbilligend auf seinen Helfer) »machen zuweilen die Dummheit, die schwimmenden Massen anzuzünden; manchmal brennt das ganze Wasser −«, er murrte noch und wurmisierte ungehalten in seinen Töpfen. »Ja, und was geschieht eigentlich regulär mit dem Zeug?« fragte Monika, die sich wohl zu langweilen anfing, und weit zum Bord hinaushing; »es wird im Babylonischen als Mörtel gebraucht« konnte ich auskunften. Heil der Bildung.

Ich habe viel Einzelnes gelernt, aber zu wenig gedacht.

18. THARGELION: Schon Morgens beim Aufstehen ein unangenehmer brenzlicher Geruch nach der stinkenden Teerschlacke; scharf.

Erst Hügelreihen, dann Bergzüge zur Rechten, steril und zornig gerötet: zieht sich weit, weit nach Westen, das Bergland, erzählt man.

Zur Amphora, zum Krautweinschlauch: diesmal ging ich als der Erste, resolut und erhielt erstaunten Beifall (ich wußte aber, warum ich trank; ich brauchte Mut; ich wollte nun noch mehr wissen!) Wir nahmen unser Quantum, verharrten die obligaten 3 Minuten in beherrschtem Stillschweigen (vielleicht war Hermes an Bord; aber wohl mehr Bakchos) und ich fragte in die munteren Gesichter, in die scheinenden Augen: »Oh, Ihr, die Ihr Alles wißt −« (»Hört, hört−« unterbrach Monika triumphierend »ein Schüler des großen Aristoteles − −«; aber Agathyrsus gebot bedeutend Stille: »Der meint Dich gar nicht: der meint mich!!«). Ich wartete verbissen und forderte dann: »Nun sagt mal, haben denn nicht schon Manche ihn ermorden wollen – – Philotas –«. »Das lassen Sie sich von Hippo erzählen.« (Also den Kopf sorgfältig zu dem gedreht; da saß er; etwas zu ernst – wir wollen ihn Ernst nennen.)

Die Verschwörung des Philotas: Unzufriedenheit schon damals im Heere, vor allem viele Offiziere (Gründe sind bekannt: Proskynesis-Komplex, Neid auf Einschaltung der Perser, etc., etc.; neu war mir aber, daß Antipater, als er von der bedenklichen Stimmung der Truppe Kenntnis erhielt, bereits zu jener Zeit ein geheimes Bündnis mit den Ätoliern gegen Alexander schloß, um nötigenfalls Gewalt gegen Gewalt setzen zu können). In Drangiana reifte dann der Plan – »sieben Jahre sinds jetzt« – wurde durch Zufall verraten, die Verschworenen verhaftet: eine Unmenge Personen waren schon hinein verwickelt, Generale (Polemon von der Kavallerie; Amyntas, Attalos, Simmias, alle von der Phalanx). Die eigentliche Triebfeder wurde in Philotas, des Parmenion Sohn, erkannt. »Mit Recht nebenbei«, setzte Hipponax langsam hinzu.

Parmenion: (er wurde warm). Parmenion, einer der ältesten und verdientesten Generale schon Philipps, und mit Antipater der angesehenste aller Mazedonier, war schon längere Zeit mit Alexander gespannt. Er miß-billigte aufs Höchste dessen bodenlose chaotische Eroberungsabsichten; er riet ihm stets zu, die Friedensangebote des Dareios anzunehmen, und das Gewicht seiner Meinung beeinflußte Viele. Bei Arbela hatte Alexan-der ihm einen faulen Posten in der Schlacht zugeteilt, damit er ihm danach vorwerfen könnte, nicht voll seine Schuldigkeit getan zu haben, »erstens war es eine Hinterlist; zweitens eine Lüge; und drittens hatte er ja früher etwa tausendmal seine ‹Schuldigkeit› und mehr getan – man denke an den Aufstand des Attalos vor 12 Jahren.: Viel zu treu war er!« – Aber Alexander war des Hemmschuhes müde; des Mannes, in dessen Augen er durchaus nicht als unfehlbarer Gott erschien – nun, »der Dank der Könige ist Euch gewiß«. Jedenfalls hatte Zeus' Sohn ihn zur Strafe vom Heere entfernt, d. h. ihn als Statthalter im medischen Ekbatana zurückgelassen (auch ein dorniger Posten, nebenbei). Der greise hoch-berühmte Mann nun entschloß sich – nach schwerem Kampf mit seinem Pflichtgefühl, Gehorsam – dem Wahnsinn eine Grenze zu setzen: wenn es noch Einer konnte, war er es, denn Antipater war fern. So leitete er denn die Aktion, und setzte, auch hier Ehrenmann bis zur letzten Konsequenz, vor allem seinen eigenen Sohn ein.

Philotas: »Er war natürlich nicht ganz der geeignete Mann« sagte Hipponax gespannt, »stolz; sogar etwas eitel; sprach zuviel.« Er machte eine

Handbewegung, die Vieles umschloß. Jedenfalls, um von Philotas ein Geständnis zu erlangen, durch welches auch Parmenion hineinverwickelt werden konnte, ließ Alexander ihn foltern und erlangte auf solche Weise, was er wünschte. Dann rief er das Heer zusammen, geilte es durch Reden auf (»Man denke sich nur, daß man den geliebten Führer, den Abgott seiner Soldaten, ermorden wollte!«) und überließ ihm dann, das Urteil zu sprechen und zu vollziehen. Steinigung. Er selbst weilte diskret im Zelte.

Ich: »Ein rechtliches Bedenken: – welche Zweifel man auch über das Ganze haben kann, so muß man aber doch wohl zugestehen, daß Alexander sich nicht gegen Philotas vergangen hat. Er war durch Zeugen überführt; die rechtlichen Formen waren bei seiner Anklage und Verurteilung nicht verletzt worden; und wenn das gegen ihn erlassene Urteil ungerecht war, so ist deshalb ja nicht Alexander anzuklagen, sondern das Heer, welches dasselbe ausgesprochen hat – oder?« – ».. welches dasselbe –« sagte er höhnisch nickend: »Oh, ihr gelehrten Pedanten! –« Er schob sich vor; er brüllte: »Freilich war er durch Zeugen überführt: er hats auch für sich selbst gar nicht geleugnet! Freilich waren die ‹rechtlichen Formen› eingehalten; sogar das Urteil war ‹gerecht›!! –« »– Aber, Mensch,« er sah sich um, nach dem Blitze: »könnte man mit solch peinlichen Bedenken dann nicht auch Theseus verurteilen, der einem myriadenfachen Mörder in den Weg springt und ihn totschlägt?! – Ein Denkmal hätt' er kriegen müssen!!« –

Wieder Parmenion: »Oh, das ist noch nichts« sagte er, boshaft gestillt. »Alexander wußte: einmal, in wie hohem Ansehen Parmenion beim Heere stand, und dann war ja noch die Möglichkeit, daß jener, sobald er vom Tod des Sohnes und dem Mißlingen des Anschlages erfuhr, die detachierten Truppen an sich ziehen konnte, und das Letzte in offener Feldschlacht gegen Alexander wagen:«, er erhob eine höhnisch nickende Hand: »daher beschloß der große Mann, seinen alten General hinterlistig umbringen – oh, nein: er hatte ja das Geständnis des Sohnes: er verurteilte ihn also bei sich zum Tode. Er schickte einen thrakischen Fürsten und zwei griechische Hauptleute in Eilritten nach Ekbatana; sie waren beauftragt, eine ‹Audienz› zu erbitten. Parmenion, noch nichts ahnend, läßt sie als Kuriere vor sich, und sie ermorden – ach nein: ein Urteil wurde ja nach Eurer Ansicht vollstreckt. Diesmal aber ohne Verhör des Verurteilten! Wohlgemerkt! Und ohne ihn nach der ‹rechtlichen Form› vor dem Heere sprechen zu lassen: das wäre zu gefährlich gewesen! –« Er stieß verächtlich die Nase durch die Luft und wandte sich ab.

Besechana: Stadt am rechten Ufer. »Also sind wir morgen Mittag in Babylon –« sagte Agathyrsus befriedigt, »– warum sie das nebenbei ausgerechnet ‹Himmelpforten› genannt haben – eher zu allem anderen; bei dem Betrieb da drin.«

Weiße Gewänder in goldgestickter Luft: schallende Hymnen, eine Prozession (es ist ein berühmter Tempel der Atargatis hier). Viel Pauken.

»*Ja, und nun erzählen mal Sie, alter Aristoteliker,*« sagte Hipponax zwinkernd und wieder jovial, »was Sie von Kallisthenes wissen –« und auch die beiden Anderen rückten näher. »Ja, Sie kommen doch von der Quelle«, meinte Monika, lässig neugierig.

Also schön: (Ich spreche ungern darüber. Ungern!) Aristoteles hatte ihn damals Alexander als – Berater, oder Lehrer – (»Aufseher« unterbrach Hipponax kalt feixend); denn er selbst konnte ja nicht mit: er war zu alt. (»Sein Glück, sonst wär er auch schon weg.«) Kallisthenes war ein steifnackiger ehrlicher Mann, der Allen – auch Alexander – manchmal derb die Wahrheit sagte, und dem Hofe durch seine ewige Sittenlehre nicht wenig beschwerlich fiel. Wie nun Alexander sich allmählich mehr und mehr – orientalisierte (»Paschamanieren und die nichtswürdige Umgebung annahm –«) zeigte K. eine Schärfe und Bitterkeit, daß er jede Gunst völlig verlor. Er trat wohl auch mit den unzufriedenen Generalen in lose Verbindung, und verweigerte eines Tages offen die Proskynesis (».. wird immerhin einigen Beifall gefunden haben!«). Dann die bekannte Rede: erst mußte er bei der Hoftafel eine Eulogie auf Alexander hersagen, und dann machte sich der Monarch den dröhnenden Spaß (»war wohl mehr als das; war wohl auf K.'s Charakter berechnete Herausforderung« brummte Agathyrsus), von ihm auch eine Anklagerede zu verlangen. Kallisthenes, von irgend Etwas fortgerissen, tat das, und zwar mit solcher Wucht und Überzeugung, daß alle Umsitzenden erbleichten (Hipponax nickte mit flammenden Augen: »Ehrlich; aber auch das, was man unvorsichtig nennt. Der hatte Mut: auch ihm ein Denkmal: notier's Agathyrsus« – – weiß Gott, der notierte ernsthaft!) Auch Alexander schwieg eine Zeitlang verlegen; das hatte wohl selbst er nicht mehr erwartet: auf solchen Widerstand zu stoßen! Endlich sagte er mit gezwungenem Lächeln: »das war allerdings wohl mehr eine Probe vom Haß des Kallisthenes, als von seinem Talent.« (»Konnte sich wohl gar nicht vorstellen, daß man im Ernst Einiges gegen ihn haben könnte!«). Nun, er soll dann ein paar Offiziersanwärter für sich und seine Ansichten gewonnen haben; wieder dasselbe Spiel wie beim Philotas: Verrat, Verhaftung, Heeresurteil, Steinigung. Das heißt: Kallisthenes als Nicht-Mazedonier wurde in Ketten gelegt und in engster Haft mit in den Tropen herumgeschleppt, bis er buchstäblich vom Ungeziefer aufgefressen wurde (»So geht es Allön, die nicht an Gott und vor allem seinen Sohn glaubön!« sagte Agathyrsus im leiernden Schülerton).

Und Aristoteles?: »Ja, mit dem ist er seitdem zerfallen« gab ich zu, »wir durften die Namen nicht mehr vor ihm nennen, wenn er sie nicht selbst erwähnte.« (»Die Namen, Plural« sagte Hipponax: »also: Beide! Alexander auch!«). »Ja, auch« sagte ich ehrlich; atmete tief. »Aufstand der Intelligenz« murmelte Monika nachdenklich (dem Tarentiner nach).

Pirisabora: Große Stadt am linken Ufer. Aus dem Euphrat beginnen sich viele Kanäle zu ziehen, still fließende. Anlegen an einem schönen Gartengrundstück. Abend; Flieder blüht. Gebadet. (Kurz ihren schmalen mähnigen Bauch gesehen. Mein Herz.)

19. THARGELION: Agathyrsus stritt sich schon halblaut mit den Bootsleuten im Dunkeln; wollte durchaus über Borsippa: »wegen der berühmten geräucherten Fledermäuse – oh, ihr kennt das nur nicht!« schloß er, anklagend; »die Leinwandmanufakturen – ein neues Diploidion für Dich, Moni!« rief er beschwörend; zu mir: »– und die uralte Chaldäer-Universität – Götter, was haben die Manuskripte!« Aber Hipponax stimmte energisch für den kürzesten Weg; auch mich ergriff jene rätselhafte Unruhe des Reisenden, dicht vorm Ziel. Also.

Häuser, Vorstadthäuser: Ratten in den bleiernen Kanälen. Unter Brücken: Monika studierte rasch die letzten Moden: gelbe runde Mützen schienen schick zu sein, und wieder mal Ringe an den Zehen. Sie öffnete sogleich ein Kästchen, wusch die Füße sorgfältig, schnitt mit einem winzigen Bronzemesserchen die Nägel spitz (wobei sie rücksichtslos die Schenkel hob und drehte; so daß ich wütend wegsehen mußte); probierte eine Topas-Garnitur; hielt gelben Stoff (»gelb kann ich nicht tragen« sagte sie düster).

Soldaten exerzieren: auf einem großen Feld. Die Legion Baktriana (erklärte Hipponax) unter griechischen Ausbildern: große derbe Perserlümmel aus den Bergen, mit hoher Brust und breiten Stirnen; körperlich eine Auslese (»Alle schwören auf Iskander, wie sie ihn nennen«. Dröhnendes Marschlied: ».. 3 .. 4 ..: Sarissen hoch, die Phalanx dicht geschlossen ...«) Andere Kähne um und hinter uns; Schwatzen und Gelächter entstand auf der Wasserscheibe.

Körper: danach sucht man Pferde und Ochsen aus; allenfalls noch Hunderassen (aber Plato nennt die ja Staatshunde!). Robuste Seelen. –

Menschen sollte man doch nach dem beurteilen, was eben den Menschen vor den anderen Lebewesen auszeichnet: nach dem Geiste. –

»Ist das Heer nicht völlig verläßlich?« fragte ich Hipponax; der zuckte die Achseln: »Das fragen Sie wohl besser Ihren Onkel. – Die Griechen und Mazedonier halb; d. h. sie sind natürlich vollständig behämmert von seinem Ruhm, seiner Größe etc., aber sie wollen auch immer wieder gestreichelt und den Fremden vorgezogen sein, und meutern deshalb manchmal ein bißchen. Die gezwungenen Werbungen im Peloponnes haben doch auch sehr nachgelassen.« Er sah sich um, murmelte: »Man spricht allgemein davon, daß er sich der Mazedonier, die ihm zu oft gemeutert haben, ganz entledigen wolle. ‹Unzuverlässige und an Auflehnung gewöhnte Truppen› soll er sie neulich genannt haben – bei der letzten Revolte von Opis, damals ...« »Deswegen läßt er eben überall große Verbände, einheimische, von verläßlichen Vorgesetzten einüben ...« Ich fragte zerstreut: »Ist denn Antipater in Griechenland zuverlässig ..?« Er biß sich in die Unterlippe und lachte so, lautlos.

Bab–ilu: die Großstadt. Mitten zwischen den Riesenhäusern legten wir an, im Frachthafen. (Gondeln der Reichen liegen leicht wie gebogene Mondsicheln, elfenbeinfarbig, mit zinnoberroten Ornamenten am Bug, Paddel von Seidenholz). Die Menschen wimmelten; wirrten mich (ich muß auch zu Aristodemos). Ich lief zu meinen Dreien, ich fragte Monika: »Wo kann ich Euch morgen treffen?« Sie zögerten Alle ein bißchen, aber endlich nickte Sie (ihres Einflusses auf mich sicher): »Kommen Sie gegen Abend zum Zimthändler Eumolpus; hinten am Birs Nimrud –«.

Oh, das Gefrage: (die Lichter brannten schon überall; Einer wies mich aus Höflichkeit sogar falsch). Erst nach zwei Stunden kam ich an ein riesiges Feld, eingehegt, ein unendliches Zeltlager darauf. Die Wache besah mich rasch, gab mir einen Soldaten mit (also raus finde ich mich bestimmt nicht allein!)

Im Zelt: eine Öllampe; ein mittelgroßer breitschultriger Mann; steht von einem Tisch auf.

»Lampon?!« – rief er erfreut. (Jetzt liest er den Brief).

Allein: (Lampe brennt noch, er ist eben draußen). Er sah mich an; freute sich über die Ähnlichkeit mit seinem Bruder. Wir aßen. Dann mußte ich mich schlafen legen (»Mit wem bist Du gereist?« fragte er noch; ich erzählte; er pfiff und nickte; erst zufrieden, dann nachdenklich. – Müde, müde. – Eumolpus.)

Komisch, so still zu liegen; nichts schwankt.

83

20. THARGELION: Soldatenfrühstück: Brot, Butter, Marmelade; etwas heißer schlechter Wein (aber mit Nelken drin, gut!) Nachher ging Onkel Aristodemos hinaus zur Offiziersbesprechung; er hat kommende Nacht die Hauptwache im Palast. – Ich darf mitkommen. Ich fragte: »Ist Alexander nicht krank?« Er furchte langsam tief, wie erinnert, die braune Stirn: »Ja, sehr!« sagte er kurz; fragte nach Aristoteles: auch der war kränklich; kein Wunder in dem Alter. Ich mußte ihm von den letzten geographischen Ergebnissen berichten; am meisten interessierte ihn der Periplus des Pytheas von Massilia; er verlangte alle Einzelheiten, die ich noch etwa wußte (und das waren Viele; es ist ja auch äußerst wichtig) »Sieh an«, sagte er, »es ist dort oben also ständig hell – immer Tag und Sonnenschein, wie? Und doch fängt es an zu schneien, je weiter man nördlich kommt? Wie habt ihr das erklärt?« Ich legte ihm eine der neuen Hypothesen vor, und er nickte verständnisvoll: »Also die Sonne umläuft den ruhenden Erdball nicht ständig in der Äquatorialebene (was ja nebenbei schon lange bekannt ist!) sondern etwas oberhalb: daher das Licht. (Erklärt nebenbei dann auch gleich die rätselhafte Nachricht Herodots: ‹die Phönizier hätten bei ihrer Umschiffung Afrikas die Sonne zur Rechten gehabt›!) – Und da ihre Strahlen der Erdkrümmung wegen nur ganz flach auftreffen – etwa wie bei uns am Morgen, wo es ja auch noch hundekalt ist. – Hm. Das wäre dann die Begründung für die Kühle –«. Er dachte einen Augenblick nach, schob den Mund kritisch vor und nickte leise: »Ganz einleuchtend« sagte er dann abschließend, »wir kommen dadurch immer weiter in der Erkenntnis der Mechanik des Weltalls.« Er stand auf und reckte die Arme, fing sich aber gleich wieder in den Hüften: »Tja! Demnach müßte aber – – im Süden ist dann also eine Kappe ständiger Nacht – oder doch tiefer Dämmerung!!« Ich nickte anerkennend. Und er schüttelte den Kopf: »Tolle Einrichtung« sagte er ablehnend; lachte: »Nun fehlt nur noch ein Mythologe, der uns den Hades dahin legt.« Er trat zum Zelteingang und sah hinaus: frischer windiger Morgen, hoch und hellblau. »Hier« sagte er, ohne sich nach mir umzusehen: »– da drüben ist Ptolemaios; – der Große; der General, ja. Neben ihm Eumenes von Kardia.« Sie traten herbei; er salutierte kurz und straff, aber sicher und gleichmütig (stellte mich Zivilisten vor); auch unterhielten sie sich lange mit ihm. Fragten auch wohl mich einmal nach Griechenland.

Er brachte mich zum Lagertor: »Es ist ganz einfach«, sagte er, »das Ding ist ganz regelrecht angelegt: 5 Hauptstraßen, 5 senkrecht dazu, macht 36 Blocks: die werden von links nach rechts fortlaufend gezählt: mein Zelt ist in Block 19; denn ich bin verantwortlich für 19 bis 24. – Wohin willst Du: Stadt ansehen oder was Besonderes? –«. »Beides« sagte ich kalt; er

84

belehrte mich noch, wie ich am besten zum großen Marduktempel käme, den er mir zu besteigen empfahl: so gewänne man den besten Überblick über die Stadt. (Fast alle Soldaten grüßten ihn, und er dankte jedem; nur einmal hob er zuerst die Hände: »Amyntas ist der Linke, von den Pionieren. Der Rechte Zaleukos, der beste Mann der Karten- und Vermessungsabteilung. Dahinter Baiton der Bematist, und Diognetos – die ‹Stathmoi› kennst Du?« Ich sah nur noch die Rücken und die bunten Gewänder. »Zu Zaleukos können wir demnächst mal gehen –«, meinte er, »Wird ihn interessieren, die Thule-Sache. – Und für Dich sind solche Bekanntschaften auch immer nützlich: was willst Du eigentlich mal werden –? – « aber er winkte selbst wieder ab: »dazu ist immer noch Zeit. Heut Nacht. – Aber sei kurz vor dem Dunkelwerden wieder hier; es ist immerhin ein Stück zu laufen. – Also: chaire!«)

Ungefähr ein Stadion ist er hoch: In acht Absätzen gebaut, und außen die Treppen herum. Zum Teil gut erhalten; von zwei Seiten sind sie schon wieder vollständig hoch; der Steinkern muß, bei einiger Sorgfalt für seine Erhaltung, doch eigentlich unverwüstlich sein.

Können immerhin 1000 Arbeiter sein. Ich gab dem Aufseher ein paar Drachmen, und er ließ mich hinaufsteigen.

Oben; Mittag: prachtvoller Anblick!

Die Stadt ist durch den Fluß in zwei Hälften geteilt; in der einen ich und der Turm (man beachte die Reihenfolge!), in der andern der königliche Palast.

Breite rechtwinklige Straßen; alle Wohnhäuser meist 3- und 4-stöckig. (und 5!). Im Südosten, dicht an den Kanälen, unser Zeltlager, aha. Ein paar weiße Wölkchen flossen vom fernen Meer heran (d. h. so fern ist es ja gar nicht); werde ihn mal nach einem Stadtplan fragen, es ist doch zu verwirrend (ja auch kein Wunder, bei Einwohnermillionen).

Etwas gegessen: (bin ungeduldig, weiß auch, warum.) Langsam wird es später. Staubig in diesen Großstädten; auf dem Fluß wars schöner!

Agathyrsus: War noch allein in dem alten Gewölbe. (Ganz braun in braun, mit klaren Spätlichtern und reinlichen Schatten. Scheint Geld zu haben, der Eumolpus. Zuerst tat er ganz albern.). »Schlechte Zeit für Uns! Schlechte Zeit!« rief er zerstreut; ganz leise: »Alles sucht schon Trauer raus!«. »Wir sind auf sowas gar nicht eingerichtet. Kostümmäßig.«

Ein Mann in extravaganter Kleidung ging vorbei, phantastisch, zum Turmbau: »Eben dieses ist besagter Deinokrates« sagte A., »der mit dem Athos, – ganz recht. Ausnahmsweise mal nicht mit Löwenhaut & Keule.«

Ganz allgemein: »Merkt denn das Volk so nichts vom Tyrannen?!« fragte ich. »Nein, nein,« antwortete er, »95 Prozent sind wahrhaft für ihn; geblen-

85

det vom Theater, besoffen vom Gedanken der Weltmacht; Jeder will einen der unzähligen Orden mehr, immer noch eins der Stüfchen höher befördert werden. Beim Soldaten muß man das doch besonders sehen! – Er hat doch wieder einen neuen Mannschaftsdienstgrad eingeführt: sechs oder sieben sind das allein schon; jeder mit besonderen Abzeichen und Vorrechten ... Na!«

»*I wo!*« sagte er, und schüttelte überzeugt den Kopf: »Die Vernünftigen? Die schweigen oder sterben. – Nein, nein: von außen kann keine Errettung kommen; denn es gibt ja keine auch nur annähernd gleichwertige Großmacht mehr, die ihn militärisch umlegen könnte.« »Also – – ?« fragte ich radikal. Er sah unbeteiligt in die Straße: »Vielleicht, wenn er mal stirbt ...« meinte er endlich gleichgültig: er war zu tief für mich, viel zu erfahren und überlegen. Gerissen.

Hipponax vor der Schenke: Und Monika; schmal und mähnig. Mein Herz. –

Sie wollen fort nach Alexandrien: Agathyrsus war gleich einverstanden, nachdem H. im Flüsterton das Warum entwickelt hatte. »Richtig« sagte er, »ausgezeichnet und logisch. – Hat gar keinen Zweck, daß wir hier bleiben. – – – Richtig!!«

Abschied: Sie wollen gleich packen, und gaben mir die Hand. Monika kam mit vor die Tür. (Daneben stand riesig, schon schwarz, der Turmfels).

Der Mond bog sich wie ein kranker verliebter Bleichmund unter Sternenaugen: Mein Herz stampfte an ihre dünne freche Hand: Du, du, du, du, du ...

(Gerannt): »Höchste Zeit« sagte Aristodemos knapp, »geh schon voraus.«

Die Wache: Tram, tram, tram: 250 Mann stark; Argyraspiden; Kammhelme mit dunkelroten Büschen (Oh, ich bin noch atemlos). Feierlicher Postenwechsel: das dauert über eine halbe Stunde; so recht zur Augenweide für die Gaffer, die sich auch jeden Tag reichlich hier einfinden. Führer schreiten gewichtig auf und ab; das langgezogene griechische Kommandowort.

Im Palast: Nebenan zwei große Säle für die Mannschaften (von denen immer 25 gleichzeitig aufziehen, alle Stunden). Hier bin ich mit Aristodemos allein.

Prachtvolle Räume mit geschliffener steinerner Wandbekleidung; Lampen überall.

Er kam; ging nach kurzem Überlegen; kam: »Seit gestern Abend ist er ohne Besinnung. Röchelt. Nur Philippos – der Arzt – bei ihm; und ein halbes Dutzend der Somatophylakes.« »Wird er sterben?« fragte ich beunruhigt; er sah mich durchdringend an; ich murmelte unverständlich hinzu: »... hoffentlich ...«.

»Wahrscheinlich –«, antwortete er; setzte sich derb. Wir plauderten.

Wieder hinaus: (er geht zu vorgeschriebenen unregelmäßigen Zeiten die Posten revidieren).

»*Ja, der Indienfeldzug* –«: er lehnte sich befriedigt zurück (ein Erzählender); »freilich« sagte er, »beim gemeinen Manne wurde durch allerlei Blendwerk geschickt der Anschein des Überkühnen, genial Unvorbereiteten, aufrecht erhalten. – In Wahrheit war natürlich Alles bis ins Kleine organisiert. Der indische König Taxiles hatte ja schon im Vorjahre eine große Gesandtschaft zu ihm nach Sogdiana geschickt, ihn eingeladen, Hilfe versprochen, vor allem Informatoren jeglicher Art mitgesandt, Ortskundige-Führer-Dolmetscher, über Straßenverhältnisse, Klima etc.; sogar Magazine hatte er für uns anlegen lassen. Das wird Dir mal Zaleukos erklären; die kartographischen Vorarbeiten, und so.«

Die Porusschlacht: »Man hat uns gesagt – d.h. was an Berichten durchkam – sie sei ein Meisterstück der Kriegskunst gewesen: eine der glänzendsten militärischen Leistungen aller Zeiten: der Flußübergang ‹im Angesichte des Feindes› ...«?

Er lachte grausam, bis ihm die Tränen kamen: »Ja, ja, Lampon« sagte er, »denn wir hatten ja nur 120000 erstklassig ausgerüstete und jahrelang erprobte sieggewohnte Kerntruppen. Und Porus hastig zusammengeraffte 35000! Allerdings noch ein paar Dutzend Elefanten: No, das erledigten dann die Bogenschützen und Messerschläger. – Weißt Du, ich habe da so eigentlich mehr den alten Inderfürsten bewundert, der sich für sein Land zum Verzweiflungskampf stellte.« Er winkte schon im Voraus mit der Hand ab: »Spar Dir (und mir) die heroischen Anekdoten; dafür wird Choirilos und seine Trabanten bezahlt (werden, heißt's wohl korrekt): gehaust hat er in Indien wie eine Bestie! – Ach Quatsch: Sicherung des Reiches nach Osten! Größenwahnsinn; nichts weiter.«

Und er erzählte von Massaga, der Hauptstadt des Assakanus: Alexander glaubte den Ort desto sicherer im ersten Anfall bezwingen zu können, da die Inder, welche einen Angriff gewagt hatten, sehr leicht zurückgetrieben worden waren; aber er bezahlte seinen Übermut durch eine Wunde am Fuß, und ein ganz paar Mann Verluste. Selbst die regelmäßige Belagerung brachte keinen Erfolg; auch nicht die Maschinen, der große Holzturm und so weiter. Endlich verlangte ein Teil der Besatzung freien Abzug, der natürlich sofort gewährt wurde, denn nun konnte man hoffen, die Stadt zu erobern. Die Söldnertruppe zog also ab, und lagerte sich dem Heere gegenüber –«, er beugte sich zu mir und sprach mir spöttisch ins Gesicht: »In der Nacht wurden sie auf Alexanders Befehl umzingelt, und nach der tapfersten Gegenwehr mit den Frauen ermordet. 10000. – Die eigentliche Triebfeder für diese unglaubliche Niederträchtigkeit war lediglich seine Privatrache für die empfangene Wunde, und die Wut, daß man ihm überhaupt so lange zu widerstehen wagte! Das war die ‹neue Ordnung›, die er zu bringen hatte! In Sangala sah ich 17000 erschlagen, und 70000 in die Sklaverei getrieben. Eine Stadt der Brachmanen – der einheimischen geistigen Führerschicht – wurde besonders hart behandelt: weil sie von Freiheit und Abfall sprachen, und die Inder gegen ihn ‹aufhetzten›, wie er sich ausdrückte ...«

»Oh, das war eine Sache«, sagte er anerkennend: »ja, sie wollten nicht weiter mit! Ein paar Gerüchte waren ausgestreut worden: es ginge ‹nur noch› wenige Jahre vorwärts; lediglich 14 Könige, jeder mit so 250000 Mann wären noch zu überwinden. Vor allem viele Generale, von den alten, machten nicht mehr mit. Er tobte, hielt Reden, schmeichelte ihrem Ehrgeiz, ihrer Geldgier, zürnte, entzog sich zwei Tage ihrem Anblick; ich habe ihn damals gesehen; (hatte auch Zeltwache): er saß da wie ein Dämon, trank, mit glühenden Augen, biß sich in die Finger: mir war todklar, daß irgend ein Unheil käme! Am dritten Tage trat er heraus; sprach wieder wohlwollend zum Heere, gewährte die Umkehr, aber er lachte mir zuviel dabei. – – Augenblick.–«

Er kam wieder herein, bewegte fröstelnd die Schulter: »Frisch draußen. –« haderte er. Gähnte unwillig: »Für jede durchwachte Nacht bloß 10 Drachmen: brauch ich in meinem ganzen Leben nicht mehr zu arbeiten – !« Gähnte tönend.

»Ja so. – Ja, an der Stelle des Lagers ließ er noch 12 ungeheure Altäre erbauen, und befahl, dabei extra gefertigte gigantische Gerätschaften zurück zu lassen, die nur zum Gebrauch eines Riesenvolkes dienen konnten: seiner Meinung nach als Denkmal der Bewunderung für die spätesten Nachkommen. Für uns war es ein Beweis mehr, wie es im Hirn eines solchen Menschen aussehen mußte.«

»Oh, sag das nicht!: Man kannte genau ihre Schrecken! Zweimal schon vor ihm war Ähnliches versucht worden; durch die Unternehmungen der Semiramis und dann des Kyros, die Beide in denselben Wüsten ihre ganzen Heere verloren! Außerdem warnten ihn ständig alle Eingeborenen, die wir über die Gegend verhörten; ich war selbst ein paarmal dabei. Also, das ist keine Erklärung; auch nicht, daß er das Reich habe nach Süden sichern wollen: es wußte ja jedes Kind, daß dort unbewohnte und unbewohnbare Wüste, also auch keine militärische Gefahr für uns war. Nein, nein, nein, nein!«

Er beugte sich wieder näher, runzelte die Stirn: »Er war seit Jahren verrückt«, sagte er leise und ruhig, »nicht nur im bildlichen Sinne – auch wohl, ja – vor allem im moralischen. Wie eben jeder Großtyrann wird. Und so sage ich Dir: ich, Aristodemos des Sophron Sohn: er hatte in rasender dämonischer Wut den Entschluß gefaßt, sich des Heeres zu entledigen, welches ihn an der Beherrschung der Gesamtökumene verhindert hatte. – Paß auf!

Das Heer wurde sorgfältig in drei Teile sortiert: Nearchos mit der Flotte erhielt die Zuverlässigsten, d. h. die Phönizier, Ägypter, Inselgriechen (auch mußten die Seefahrer für spätere Landungsunternehmen geschont werden); Krateros mit den vielleicht noch brauchbaren Leuten zog im Norden ab. Er selbst, um die Vernichtung der Hauptmasse zu garantieren, und sich gottsöhnlich der Rache zu freuen, führte die Todgeweihten ins Sandmeer! Und wie wir gingen: Du machst Dir keinen Begriff davon, was an Beute geklaut worden war! Was einzelne Generale für wahnsinnige Satrapenmanieren angenommen hatten! Perdikkas und Krateros, die Sportler, ließen sich auch jetzt noch Sand und Matten auf Wagen nachführen, genug um acht Stadien im Quadrat damit bedecken zu können!!«

Tritte draußen: Eine große Gestalt; fast fett, majestätisch, ganz goldbetreßt. Knappe Meldung: er legte A. begütigend die Hand auf die Schulter; meine Gegenwart wurde erklärt. »Oh, schlecht, schlecht« sagte er sorgenvoll (Alexander meinte er); ging wogend ab.

»Leonnatos« sagte er kurz: »das war auch so einer: Der und Meleagros: ständig hatten sie Stellnetze bei sich, daß man einen Raum von fünf Wegstunden zur Jagd damit umstellen konnte. Mußt Dir mal vorstellen: fünf Stunden! –« Er lachte trocken: »Einmal wurde er zurückgelassen, um Lebensmittel für die Flotte zu requirieren. Traf ein Fischernest von sieben Hütten, nannte es auf der Stelle ‹Alexandreia›, befahl durch den Dolmetscher den 40 Insassen, sich künftig so zu bezeichnen! – Spaß gabs schon manchmal; ist aber typisch für die ganze Richtung.«

Die große Wüste: »Durst. Häufig traf man Myrrhenbäume von schönerem Wuchse, mit reichlicheren Ausschwitzungen ihres kostbaren Harzes versehen, als irgendwo. Durst. Eine dornige zähe Ranke erregte Aufmerksamkeit – wird Dich interessieren – : unzerreißbar, selbst für mehrere Männer, aber ganz leicht zu zerschneiden, mit dem elendesten 2-Drachmen-Messer. Durst. Hier und da duftende Stauden; Wohlgeruch ging nächtens über den Sand, unsichtbar auch ungehört.« (Gewand aus Zimtduft; Schuhe aus Nelkenbaumholz fiel mir ein: für Monika).

»Ja,« sagte er: »Durst. Der Marsch ging durchschnittlich 500 Stadien von der Küste, erreichte sie aber oft. Einmal füllte sich eine leere Felsschlucht mit donnerndem Wasser, strudelte schäumte eine Stunde lang, war wieder leer: tolles Land. – Bald kam der Durst wieder.«

Die Ichthyophagen: Ihre Körper waren zottig, die Nägel unbeschnitten, so daß sie mit ihnen Fische fangen und spießen konnten. Zur Kleidung diente ihnen wohl die Haut eines großen Fisches; meist waren sie nackend, Mann und Weib; die Vermischung wie bei den Tieren des Waldes, jedes Weib für jeden Mann gemeinschaftlich. Einzelne Haufen lebten in Buchten, deren Rücken und Seiten durch senkrechte Felswände unzugänglich waren: Die Vorderseite schloß das offene Meer. Beim Werden der Dinge muß die Natur sie als Erdentsprossene an dieser Stelle haben entstehen lassen. Geheimnisvoll. – Hier saßen sie, ohne irgend ein Werkzeug zu ihrer Selbsterhaltung oder Bequemlichkeit zu haben, und warteten kummerlos auf das Geschenk der Natur, mit der einzigen Anstrengung, daß sie vor die engen Eingänge der Vertiefungen an der Küste Steinreihen legten. Die täglich zweimal erscheinende Flut füllte die Becken, und ließ beim Abflusse durch die Steine Fische und Seegetier stummer Art zurück. Nun eilte der freudige Haufe zur Beute; warf die kleineren Fische zur Seite auf eine Felsplatte in die Sonne; gegen die großen kämpften sie mit Steinen und schweren Fischknochen. Nach einiger Zeit wurden die halbgaren Fische auf den Steinen umgewandt, endlich beim Schwanze genommen und geschüttelt; das mürbe Fleisch fiel ab, wurde auf dem glatten Gestein mit den zerstoßenen Muscheln, Quallen, zu einem Teig durchgeknetet, und gemeinschaftlich, ohne alle Teilung verzehrt: jeder holte sich von der Masse, so viel er zu essen imstande war. Vier Tage währte gewöhnlich die Schmauserei; erst am fünften kam ihnen das Bedürfnis zu trinken. Mühsam in Gemeinschaft klomm der ganze Haufe in den Klüften und suchte nach Vertiefungen im Gestein, wo etwa ein Niederschlag sich finden mochte. Auf alle Viere hingestreckt schlürfte nun jedermann, so viel der Körper zu fassen vermochte. Schwerfällig machte sich die Horde auf den Rückweg, verdünstete, einen Tag lang liegend, die übermäßige Wassermasse: dann begann abermals der Fischschmaus; und so verging ihnen die Lebenszeit ohne irgend ein weiteres Geschäft, ohne Sorge und Teilnahme für alle menschlichen Angelegenheiten.

Er machte eine Handbewegung, hob die Brauen: »Frag nicht, wie wir marschierten! Nur bei Nacht noch, nebenbei. Die aufgefangenen Wegweiser wußten natürlich auch keine Straße mehr.« Er fuhr mit der Faust ums Gesicht, gähnte wieder (brutal offen, nebenbei; dachte gar nicht daran die Hand vorzuhalten!) »Etwa ein Viertel des Heeres war jedenfalls am

Ende noch übrig. – Und nun wurde gesoffen: die Tausende torkelten buchstäblich die Landstraße entlang! Alexander selbst fuhr auf einem goldenen Wagen als Dionysos-Gott; auf den lustvoll lächelnden Hephaistion gestützt. – – Wer das gesehen hat, mein Lieber, dem langt es. Und was vorher und nachher war.«

Geht gegen Morgen: Seine Feldherrngröße. Er rümpfte die Nase: »Na, na! Unerhörtes Glück hat er gehabt, und unfähige Gegner. Einer z. B., der ihn durchaus hätte stoppen können – Memnon von Rhodos – starb unvermutet, und wurde außerdem noch als Ausländer stets durch das mißtrauische Perserkabinett gehemmt. Antipater und Parmenion konnten dasselbe.« Er hielt mir die Hand wie zur Wette hin: »Stell einen fähigen Mann – meinetwegen Eumenes von Kardia – an die Spitze guter, meinethalben nur asiatischer Truppen, und Du wirst auch mal Mazedonier laufen sehen. Dann entscheidet nur noch der Zufall.« Er wurde nachdenklich; er fragte leiser: »Antipater hat, wie ich hörte, schon mit den Ätoliern abgeschlossen? Hm! Sicher ist sicher. Wird das ein Gewürge geben; generationenlang.« Er sann; blies Verachtung: »Die meisten sind nur Wölfe, die sich Throne erräubern wollen; Recht hat Keiner – oder auch nur eine Art von Ideal.«

Jemand rief herein: »Wache!« Er schwang den Kammhelm auf, ging rasch hinaus. Wieder kam er mit Augengefunkel: »Es geht zu Ende!« sagte er hastig. »Gleich.« Ich richtete mich am Tische auf: »Ist es ganz sicher?« flüsterte ich flehend halbunsinnig, »– bestimmt keine Rettung – !!« Er strich ihn mit der Hand: »Nichts da! Aristoteles hat meisterhaft dosiert.« Er lachte kurz, daß ich ihn so anglotzte: »Wußtest Du das nicht? Kommst doch von ihm: – ein alter Fuchs!! – Er hat das vergiftete Wasser an Antipater gegeben, der an seinen Sohn Kassandros, und der hat ihm vor genau acht Tagen den Becher hineinpraktiziert. War genau berechnet. Er stirbt unter Fiebererscheinungen; durch immer tiefere Ohnmachten unterbrochen.«

Schritte; Viele Schritte. Viele: Geräusch in den inneren Gemächern. Die Marschälle kommen heraus: sechs, acht, zwölf: »Alexander ist tot !!« (Entfernen sich armschwenkend, zankend: schon! Und ich war gekommen, einen Heroen zu sehen!).

Einer (Offizier) löste uns ab: Aristodemos reckte sich; übergab die Geschäfte. Sprachen von Postenstärke. Sie murmelten. Ernst; wie es Männern geziemt.

Wollen ein Frühbad zur Erfrischung nehmen.

Ich trat ans Kanalufer: gelb und morgengrün floß das Wasser. Die Sonne quoll rostig aus dem bißchen Schilf. Ich sah gedankenlos hinüber, fröstelnd.

Leer war ich; schmal und sinnlos. Aristodemos trocknete sich breit ab.
(Schamlos, dieses Soldatenvolk!). Er blies Wasser aus der krausen Nase.
Nieste; : »Prost, Onkel!«.
»Jaja.«

KOSMAS
oder
Vom Berge des Nordens

Verdreht hoch sehen: noch rutschte ein grober Kalkbrocken in fettem Wolken-
schlick. Graue Wimmel däuten. Wind rieselte überall (= Säusel maulten).
Also weiter schlafen.

Weiter träumen! : Tagelang gerudert (aber ohne Anhaltspunkt: ob man vorwärts kommt! Auch der Wolkendeckel war gleichmäßig dunkelgrau,
dhu glas, so daß ich wahrscheinlich viel im Kreise herumfuhr; sicher:
rechts zieht man unwillkürlich kräftiger durch : würde ich also weite
Linkszirkel machen.) / Eine leere Büchse im Boot, gedankenlos blinkend; ein flaches Spruchband lief um ‹⅗ Genie; ⅖ Angabe› : ist wohl
bei Allen so. (Auch absolut richtig! : selbst fehlende Vollkommenheiten
erheucheln, damit der Abstand noch eindrucksvoller wird!). Eine
Schreibtafel, Herstellerfirma Laodikeia: ob sie thrakisch kann? Ich versuchte vorsichtig, und es kam heraus ‹Dendritisch. Silberbaum. Arbor
Dianae.› / Meine Ruder schwammen faul nebenher. Meine. Mir fiel ein,
wie der Kahn wohl heißen mochte. Sicher nicht ‹Phobos & Deimos›
oder sonst was Pathetisches, das war für Aischylos Zeiten gut; ich tippte
auf ne Nummer, feldgrau vielleicht und zweistellig. Träge außen entlang
spähen : ? – : ? – : Nichts! 'türlich. (Nur links war ein abgescheuerter
Fleck, als habe da mal was gestanden). / Und erstarrte in chagrinlederner
Haut: ein Ungeheuer; stadienweit! Hundert Fuß hoher schornsteiniger
Hals (mit langem schlappem Hautjabot); bleckende Zähne im riesig-
wammigen Pferdekopf (über dem ein schraubiges Stoßhorn wipfelte).
Es beobachtete lange das mißmutige Meer um sich, die rasierspiegligen
Augen drehten sich achsenfaul (während ich Treibgut kein Ruder regte).
/ Es rüttelte von unten am Kahn; – ; und ich erwartete, kalt, jeden
Augenblick, in einen Rachen einzulaufen : – – na? – – jetzt! – – – :
nichts. (Nur einmal noch klopfte es warnend, gemessen, 4 Mal, genau
unter mir, am Afterrohr, das sich mündig krampfte. Intressant). / Durst:
Flasche noch halbvoll (‹schon halbleer› lehnte ich ab; kostete aber doch
vorsichtig und ekel das Meer: ? – nee! Nich zu machen! Das übliche
grausame Gemisch von Bittersalzen; ausschütten, ‹⅗ Genius›, Nicken).
/ Kompliziert austreten: ich knaupelte ein bißchen am Weichen Kühlen;
schlug den Kopf auf dem Bord aus: zu kalt. (Haut wieder drüber und
weg: zu kalt!). / Unterhaltung mit der Sirene: nur Kopf (mit silbernem

95

Kamm) und Hals. (War aufgetaucht). »Du bist hübsch.« entschied sie.
»Du auch!« beeilte ich mich, und sie rümpfte befriedigt die Nase: »Na?«
und: »Fühl ma!«. Ihre Haut war allerdings wie ganz zartes Sandpapier,
aber nicht unangenehm, und ich sagte das sofort: »Wenn Du überall so
wärst – –«. »Ja: wenn!.....« knurrte sie tief (seelöwig) und erbittert
(beruhigte sich aber bald wieder). Nur: aus dem bleiigen Wasser tauchten
2 furchtbare Krallenfäuste auf, klafterbreit rot, mit blauen Dolchreihen
besetzt. Und hakten sich gelinde über meinen Rand. (Besser schweigen). / »Oh, Sturm, nein!« (schwören also bei Stürmen)./ »Wir bedeuten
natürlich Böses« (gelangweilt): »aber später erst!« fügte sie beruhigend
hinzu, »so in 3, 4 Tagen.« / »Willstu ihn sehen?« : 10 Schritte fern der
drachige Rochenschwanz mit dem Giftstachel. Und er kam, periskopen,
ja, bis zum Bord. Ich neigte mich über das harte Dreirohr Daumesdick:
spitz geschliffen am knochigen Ende, beinerne Nadel (»Nich anfassen!«); der wankende Pfeil verschwand, und wir sahen uns wieder
trauriger an. / (»Dorthin: – Tschüs!«) und ich bewegte mich infusorig,
mit flimmerndem Ruderkranz, fort von ihr, im Wimpernkahn, die mir
atlantisch nachsah. (Dann bis an die Nüstern einsank; ihr Haar wurde
breit um die Kalotte; der letzte Ruck:! und das schwere Wasser
schwappte einige Dällen dort). / Dünner kalter Regen: ich ließ die
Decke immer durchweichen, und drückte sie dann in die Flasche aus.
(Aber ehe die wieder trocknet! Würde nachts ganz schön unangenehm
werden!). / (Einen Kahn voller Schnee fahren: müßte auch son Vergnü-
gen sein. Oder noch besser: ganz dünn verschneit, körnig, daß sich
gefrorenes Holz, grau durch Glasur, zeigen kann: zum Zerkratzen
schön. Und ne papierdünne Eisschicht auf dem Wasser? ? – : ne, iss zu
knittrig!). / (Endlich die von ihr versprochenen Frostinseln), und ich
raufte mich unwillig an dem Silbergefieder weiter, durch rasselnde
Schilfgänge. Ein weißer Käfer, münzengroß, erstarrte zu Mimikry, und
ich versah ihn mit der Aufschrift ‹PEYO› (kein Platz mehr. Aber von
unten sah er gemein aus; die übliche Schale wimmelnder weißer Beine).
/ Ein leiser Wind, und manchmal strichen Schneeflocken vorbei. Auch
die Schreibtafel gab keinen Trost mehr. (Ganz grade sitzen!..)

Noch grade liegen: Kaumlicht. (Also Hypalampuses Hemeras).

Der Hof: füllte sich mit Schallspuren: Tritte zogen knopfige Reihen. Am
Fenster vorbei. Gäule rammten Prallbündel aufs Pflaster. (Quieke hop-
pelten; Rufe pendelten drüber weg).

Rasch draußen umsehen: das Jammerbild des Mondes, Einer der verdrossen am
Eierkopf hängt, mikrokephal, schlotterte durch Wolkenschlafröcke; ge-
nickschüssig.

Schweigend frühstücken (Wir beten weder zu alten noch zu neuen Göttern. Eutokios schon im Schafspelz; mein Vater besorgt und abstrakt wie immer).

»*Also gehst Du nachher* rüber, Lykophron – –« und ich mußte gleich meinen Zweig vorzeigen: Nußdatteln, vorschriftsmäßig abwechselnd mit Gold- und Silberschaum überzogen. »Gut.« – »Daß er ausgerechnet persönlich da sein muß, ist ja nun *einmal* peinlich!« vertraute mein Vater uns wiederum an, und wir grunzten nur: haben wir gestern schon oft genug erwähnt!

»*Ja, ‹Celsitudo›* ist wohl die präzise Anrede – – Gott, er ist nun mal Comes domorum per Thraciam.« »Ein Kerl mit Witwentröstermanieren!« sagte Eutokios scharf: »Paß bloß auf, daß sie nicht etwa die Pest haben, und deswegen aus der Stadt weg mußten; in Pelusium sollen schon wieder 100 Fälle sein!«

Allein mit Eutokios (Das Blauauge des Himmels, rotgeädert, ohne Pupille). (Nächsten Monat wird er 70; ich schenk ihm eine Arbeit über Entfernungsmessung auf Wasserflächen von Hochpunkten aus). Er rieb an den mageren Händen, machte den Mund enger, und variierte arg mit allen Gesichtszügen: »Mach nur rasch, daß wir nachher noch am Apollonius weiter arbeiten können! – Schriftsteller sollte man nie persönlich kennen!« fügte er noch grollend hinzu (wer weiß, an wen er diesmal speziell dachte; aber Recht wird er schon haben: er hat fast immer Recht!).

»*Ja – also geh ich jetzt!*«

Am eisengrauen Morgen der Rostfleck der Sonne. Kühe quakten. Ein nackter Baum, dem Schweiß auf allen verrenkten Negergliedern stand. (Menschen haben weiße Knochen, Bäume schwarze, manche Fische grüne; Quallen gar keine).

Haschischne Büsche kauern im Weg (hager schon, spitzgliedrig); anstoßen: ? – –: rührten sich nicht. (Doch; der hier: seine Zweige zischten und schlugen schwache grüne Flossen nach mir. Am Boden, schön ringsherum, Küchenschelle, Fallkraut, Arnoglosson, Erdgalle, Bilsen).

Ist ja immerhin eine gute halbe Stunde! (und die Sonne grinste hunnisch aus ihrem Halstuch von rotem Wolkenschaum).

Endlich um die Biegung: aus dem Tor lugte nach einer Zeit der alte Villicus. »Na, Amiantos?!« Er stammelte sofort einen Archipel von Entschuldigungen, während er mich an den Flüchen der Hunde entlang geleitete. (Im Innenhof immer noch einzelne schwere Reisewagen – »– vorgestern angekommen –« – hauchte er. Karren, Sänften, eine dralle Karosse).

Er sah vorsichtig über seine dicke Schulter (wie Sklaven eben tun müssen) : »Abaskische Eunuchen hat er mitgebracht: Thlibiae, Pueri minuti;

Meretrices die schwere Menge : ‹Gefleckte Sklaven› möcht' er züchten;
durch Kreuzung mit Äthiopiern!« »Jaja: Offizialen auch«. »Die Tochter
auch: *und* n Hauslehrer!«

Er zeigte auf die paar noch wartenden Pächter, meist rohe Odrysen. Auch der
Atrienses Beryllos, so Einer mit m Gesichtswinkel von 50 Grad, trieb
sich neugierig im Hintergrund rum, und grinste unverschämt, als er
mich sah. Die Fensterscheiben hatten sie auch schon überall drin. »Ja, ich
muß jetzt weiter Rationen ausgeben: Entschuldigt ...« und ich sah ihm
gedankenlos nach, wie er hinüber schlürfte und jedem Sklaven den
Blechnapf mit seinem Demensum füllte. (Mehl, Feigen, Oliven, Essig,
Wein, gabs heute. Und die Reihe war endlos).

Portieren mit Stangen und Ringen an den Innentüren. Ich sah zu, daß ich Letzter
wurde, und die Pächter machten mir höflich Platz. (Von drinnen die
gewölbte Stimme des Nomenclators, der dem Patron die Namen der
Besucher zurief).

Hoch auf dem thronartigen Solium, und winkte uns leutselig entgegen: so sieht
also n lebendiger Finanzmann aus!

Anatolios von Berytos: na, 60 war er bestimmt. Weiß und fett. Kahl und
gepflegt. (Im Raum noch mehr besetzte Lehnstühle, deren einer, drüben, auch eine fromme abgerundete Stimme von sich gab).

Ich trat hinzu (Verneigung nicht vergessen!), legte meinen Zierast auf den
Haufen der anderen, und wünschte dem Herrn Celsitudo Glück, langes
Leben (im Zuchthaus), undsoweiterundsoweiter (ist ja gar nicht mein
Herr! : wegen den 100 Heredien Wiese, die wir noch von früher
gepachtet haben! – Na, egal, ist ja gleich Schluß!) :

also ein letztes klangvolles ‹Salve› (und der Nomenclator nuschelte noch
immer: hoffentlich dankt der Alte bald, und dann ab durch die Mitte!).

»*Aber nicht doch!* – – –« : und schon schritt er leutselig die 3 Stufen herunter,
geübt entfaltete Rednerhände: »– der Sohn des clarissimus Marcellus?! :
Aber das wäre doch *so* nicht nötig gewesen! –« (aber ‹nötig› doch
irgendwie, eh?!). »Also das hier ist Lykophron.« »Ja sicher: der Sohn
unseres Nachbars!« (die Anderen versuchten verbindlich auszusehen, als
wüßten sie nun Alles : so ein Schwätzer!).

»*Dies unser allgemein verehrter Gabriel von Thisoa:* – –« (artig verneigen, der
Hauspfaff scheinbar. Vielleicht gleichzeitig der Lehrer auch). –

»*– und hier meine Tochter Agraule :* – – «

Ein dunkles Haar hing um ihr Gesicht. Bleich, chloros, spitznasig, mit
schwarzen Blicken (Menschenaugen bilden eigentlich Unendlichkeits-
zeichen; hier eine starre Formel). Jung noch. (Das heißt also zwischen 14
und 25; kann man bei diesen Stadtdämchen nicht gleich entscheiden).

(Aber hübscher Name: ‹Agraule› : ‹au› betont; dann noch ein langes helles ‹e›. Da war auch die Einladung zum Essen – muß ich ja leider wohl annehmen. Wir lächelten also sehr).

Und schon gings in die intimeren Innenräume (ehrtmichehrtmich! – Im Vorraum fröstelte der übliche Wintergott: langes feuchtes Haar, zu den Füßen die umgestürzte Amphora mit Hagel und Schloßen; in den ausgestreckten Armen – »Sanktus Januarius« erläuterte Gabriel gefällig, der meinen Blick wohl registriert hatte: tatsächlich! : hatten sie ihm nicht ein – natürlich viel zu plumpes – Kreuz reingesteckt? ! Bei uns ist es noch sinnvoll eine Wildgans, die ihm eben daraus zu entkommen strebt! – Aber immer höflich: also: »Ah!«).

Umeinander herumsitzen (und in regelmäßigen Abständen verbindlich die Zähne zeigen) –

»Jahrichtich! : ganz da drüben am Meer – –« und er (Anatolios) nickte verträumt, steuerbegünstigend, »hinter Gräben und Lagunen, jaa. – – Und da haben wir noch dies alte ‹Wasserrecht› – –« (er sprach das Wort so weltfremd aus, als habe er dergleichen noch nie vernommen, und ergötze sich nun kindlich an dem gravitätischen Klang: dabei ist er der gerissenste Jurist und Finanzexperte von Orient und Illyricum zusammen!) : »und dürfen auch durch einen Teil des Grundstücks gehen. Reiten, fahren, uns tragen lassen: sogar Vieh hindurchtreiben – –« (also wußte er die geringsten Einzelheiten; und lächelte noch vergnügt, dann erwachend): »Wie groß ist Euer Gut eigentlich?«

»3 Salti, 1 Centurie, 22 Heredien, 2 Jugera. Und so weiter« (was soll ich diesen Fremden alle Uncien und Siciliquien aufzählen? Das Gelächter schallte ohnehin schon, dreifach und affig!). »Wir haben es selbst vermessen« erläuterte ich (zu?) kalt: »dazu noch 40 Stadien Strandlinie: rund!« 1 (Saltus ist Wald; geht Euch nichts an).

Aber Anatolios war schon weltmännisch am Ausbessern: »Der geborene Agrimensor!« rühmte er verbindlich: »Du entschuldigst uns Laien, ja?! – Ä – Du bist das einzige Kind?« Ja. »Darf ich fragen: wie alt?« 20. (Rund: Ihr wollt ja Alles rund!).

»Weißt Du, wie groß unser Gut hier ist?«. »6 Salti« antwortete ich abweisend; und er nickte nachdenklich (in Wirklichkeit sinds genau 6½; aber es widerstrebte mir ohnehin . . .).

Er schnalzte mit den Fingern, ein Actor trat ein (die Kasse unterm Arm), und Anatolios bat uns, entsetzt wie nur je ein Gastgeber, um 2 Minuten: ! . Ließ sich auch sogleich Akten und Täfelchen reichen (Zitronenholz und Elfenbein, fürstlich gemischt) – begann sodann lebhaft und offen, ganz Landedelmann der nichts zu verbergen hat, zu diktieren: »Also: ‹Im 15. Jahre des Kaisers ..›« (und wir sahen Alle höflich weg).

Die große Schlafvase: halb schwarze Figuren auf rotem, die andere Seite rote auf schwarzem Grund: wunderbare alte Arbeit:

ein Jüngling mit verschränkten Armen; nachdenklich; den Mohnstengel in der Hand; an einen Fichtenstamm gelehnt; zu den Füßen Heimliche: Eidechse und Kaninchen; einen schlummernden Schmetterling im Haar. / Hinten die Nacht selbst: eine Mütze über den Kopf gezogen; (sonst Telesphoroskostüm); ein Finger am Ohr; auf dem leichten Diebesschuh ein Steinkauz. (Die oben am Rand eingelassenen Kameen waren aber geschmacklos, und sicherlich neue Zutat. Zumindest paßten sie nicht).

3 Tintenfäßchen standen vor ihm: gewöhnliches schwarzes Atramentum; aber auch das grüne Batracheion; und rotes Kinnabaris: Kaisertinte (darf also gewisse Schriftstücke im Namen Justinians selbst unterzeichnen! Klar: ist ja sein Hauptfinanzmanager! – Aber hier heißt es vorsichtig sein!!).

Gold klinkerte: alles dicke Solidi (und die bleichen Augen lagen noch lange danach auf dem Tisch herum).

»Hattet Ihr nich auch mal n Bischof in Eurer Familie?« fragte er tiefsinnig. »Um Gotteswillen!« und das kam doch so spontan, daß selbst Gabriel sich verkniffen zulächelte: »Neinein: nur immer Mathematiker, ein Comes formarum, Architekten. Auch Ärzte: mütterlicherseits sind wir entfernt mit Alexander von Tralles verwandt!« (Aber keine Propheten oder so! Waren Alles einfache ehrliche Leute gewesen!).

»Aach, richtig: richtig!!« (und schien aus irgendeinem unerfindlichen Grunde tief befriedigt. Dann ließen sie ihre Reisebibliotheken kommen: wollten mich demnach erdrücken mit all dem Glanz).

Dennoch riß es mir die Augen auf: die beiden großen flachen Zederntruhen. Und sogar noch mit einem gefächerten Einsatz zum Herausnehmen! Ehrerbietig: »Schön!« (und er zwinkerte belustigt ob meines kleinen Lobes).

»Ja in Gabriels unerbittlichen Augen bin ich natürlich auch nur ein sündlichtörichtes Wesen«, erläuterte er behaglich : , : , : , : Rollen und moderne flache Codices. Alle mit Zedernöl eingerieben, gegen Käferfraß. (Purpurfuterale meist. Die Schlußzylinder grundsätzlich Elfenbein: die müssen schon Geld haben!).

Der Synekdemos des Hierokles, der ‹Reisegefährte durch Thrakien› lag obenauf; ist ja verständlich.

Dichter: viel Neuere: Christodoros, Leontios, Paulus Silentiarius; (allerdings auch die blödsinnige Ilias des Nestor von Laranda, der in jedem Gesange den betreffenden Buchstaben des Alphabets nicht verwendet). Dann die Crème vornehmer Neuplatoniker, die ganze Goldene Kette.

»Ja das ist meine große Leidenschaft!« vertraute er mir mit zärtlichen Augen: alle Geoponiker: Virgil, Columella, Palladius, Cassianus Bassus, sämtliche Halieutiker; sogar die Veterinärabhandlungen des Apsyrtus von Prusa! (Solche giebts! Zumal unter Großstädtern, die sich durch dergleichen eine Art Naturersatz schaffen. Er kam mir menschlich etwas näher).

»Oh, den möcht ich ma lesen!« : denn davon hatte ich schon viel gehört, von den 9 Büchern Briefe des Sidonius Apollinaris. (»Tus doch: bitte!« lud er sofort ein. – Neenee!).

– *»Oh die Lumpen!* – Du entschuldigst schon, Gabriel!« denn der Ianitor war hereingestürzt mit der Meldung, daß die beiden ‹Studenten›, die vorhin Traktätchen verkaufen wollten, soeben beim Wäscheklauen erwischt worden seien ? ! – : »Also Jedem 20 hinten vor!« entschied Anatolios rasch: »aber scharfe: wenn Ihr bei 15 erst zu zählen anfangt, schadets nicht. – Und dann auf die Straße führen lassen. –«

Aber jetzt öffnete der göttliche Gabriel seine Lade (und mitleidig lächelnd dazu. Na, ich bin ja neugierig: ‹Das ist was für Dich›, hatte Anatolios gar gnädig gesagt!) :

Kirchenväter: Ambrosius, Laktantius, Augustinus. (Also bis jetzt noch nicht!) :

Des Zacharias Scholastikos Buch gegen die Ewigkeit der Schöpfung. Über die Pflichten eines christlichen Regenten. Metaphrasten genug. (Also immer noch nichts für mich. Aber man müßte tatsächlich näher an einer Großbibliothek wohnen; Alexandreia hat 700 000, Byzanz 300 000 Bände: das sind eben Vorzüge des Stadtlebens. Allerdings so ziemlich die einzigen!).

‹*Über die Festtage* des christlichen Jahres› und ‹Von den Himmelszeichen› : aha, das war der Bube aus Philadelphia, über den Eutokios immer seine Witze riß. (Aber saubere Abbildungen; sieh an!).

»Bei wem hast Du eigentlich Mathematik gelernt? Von Deinem Vater, ja?«. »Bei Eutokios von Askalon« antwortete ich mechanisch (war noch beim Blättern. Sahs dann aber doch: –)

Was heißt das?!: die beiden Globen zuckten einander zu, wie an Schnüren gezogen! (Und ich wurde sofort hellwach und argwöhnisch: ‹Traue nie einem Christen!› war ja immer noch ein Sprichwort. Diese Agraule hielt mir ein gelbes unbewegliches Gesichtszweieck hin).

»Ach!« (und die Priesterstimme klang falsch genug nach der Pause): »lebt Eutokios denn noch?!«.

(Jetzt schnell denken: irgendwas war also ein Fehler von mir gewesen; Blättern nochmal, als ob man nichts gehört hätte, hoffentlich wirkts

nicht zu unecht: , : aber nun war ich doch ganz ärgerlich und kalt, als ich in die runden Augen dort treuherzte):

»*Ich hoffe es* –« sagte ich so nachdrücklich und kunstvoll besorgt. (Hoff es auch *noch!* : kann ihm ja inzwischen was passiert sein! Und er schlug sofort zu: »Du weißt es also nicht genau?!« : »Nein!« – hab ihn ja schließlich 2 Stunden lang nicht gesehen; aufrichtig: »Nein!«).

»*Bei dem* hast Du also auch Dein Persisch gelernt! – Er hatte ja damals die beste Gelegenheit, sich zu vervollkommnen!« (und das freche Schwein grinste noch dazu! »Ja, er ist ein großer Mann!« giftig und bestätigend, als hätte er dasselbe gesagt!).

(Es ist aber das: im zweiten Jahr seiner Regierung schloß der bigotte Justinian endgültig die letzte Akademie zu Athen! – Nein, kein Ausrufungszeichen: Punkt! Ich will sachlich sein! – 7 Dozenten hatte sie damals noch: Diogenes, Hermias, Eutalios, Priscian, Damaskios, Isidor, Simplikios: sämtlich dem Christentum abhold, emigrierten sie nach Persien, zum großen Chosrau Nuschirwan, dem Beschützer der Wissenschaften; der ihnen dann auch, *in einem besonderen Artikel seines Friedensvertrages mit Ostrom,* die gefahrlose Rückkehr in die Heimat ermöglichte. Sie endeten ihr Leben in Frieden und Dunkelheit. – Unter den vielen Intellektuellen, die, gewarnt durch dies Beispiel der Athener Sieben, damals massenweise dem geistigen Terror der neuen Religion auswichen, war auch Eutokios gewesen – und nicht mit in jene spätere Amnestie eingeschlossen: darauf spielte also der Giaur an!).

»*Oh nein!* : das gesamte Gebiet: einschließlich Kegelschnitte, Evoluten und Diophantische Gleichungen!« (also höchste Mathematik). Worauf er zahnig überlegen von ‹Eitelkeiten› murmelte. »Leider braucht man derlei Eitelkeiten in meinem Beruf« teilte ich ihm trocken mit (und Anatolios schien sich gottvoll zu amüsieren. – Diophantische Gleichungen ‹Eitelkeiten› zu nennen: dabei ist es wahrscheinlich ein Weg zur Funktionentheorie, einem ganz neuen Zweig unserer Wissenschaft!).

Aber hier solchen Mist las er scheinbar begierig: und ich rümpfte formvoll die Nase auf die Weltchronik des Ioannes Malala: in barbarischem Dialekt geschrieben, vom engstirnigsten und spießbürgerlichsten Mönchsstandpunkt aus, ohne solide Kenntnisse und historisch-kritischen Sinn: »nie weiß er, welches von 2 gleichzeitigen Zeugnissen mehr gilt, und warum! – Da ist Prokopios von Kaisareia doch ein anderer Mann!« (und dagegen darf er nicht mal was Besonderes äußern, denn Prokopios, als Sekretär Belisars, gilt augenblicklich mal wieder viel bei Hofe!).

»'*türlich*« sagte er denn auch nur verkniffen (ohne auf den vorliegenden Fall näher einzugehen): »bedauerlicherweise ist es bei der sich so nennenden

Intelligenz zum Teil ja noch heutzutage schick, den ewigen Wahrheiten gegenüber eine kühle Haltung einzunehmen: Gott wird sie schon strafen! – Aber –« und er verzog triumphierend den glatten Predigermund: »ein *kleines* Stückchen sind wir den Herren Naturwissenschaftlern schon doch noch voraus: – –« griff kurzsichtig in seinem Kasten herum, öffnete ein besonderes Ehrenfach, und hob sorgfältig einen dicken Band heraus, auf dem in Purpurbuchstaben zu lesen stand ‹Kosma Aigyptiu Monachu Christianike Topographia› : er hielt ihn mit ausgestrecktem Arm von sich ab, und besah ihn entzückt und ehrerbietig : !
(‹*Christianike Topographia*›?! : allein der Titel ist ja ein Ding für sich: ungefähr, als wenn ich ‹Thrakische Mathematik› schreiben wollte! Aber dergleichen ist ja typisch für die ganze Richtung: das muß ich heute Abend sofort Eutokios erzählen! – – Ja? : ach, der Cellarius rief zu Tisch, endlich).
Anatolios schlug sogleich das große silberne Acetabulum mit dem Stäbchen an (‹Der Ton des Erzes ist die Stimme des innewohnenden Dämons›); im Laufschritt kamen Dienerschaft und Hauskapelle an; die Tafel deckte sich wie von selber; der Progeustes kostete graziös (und nach dem Takte der Musik) vor. – (Und da huschte auch noch ein Viertes auf den leeren Platz halb hinter den Hausherrn:
die Meretrix vom Dienst: groß und wohlgebaut; einen Gitterkamm in der gelben Lockenwoge; getuschte Augenbrauen; am Halse das unvermeidliche Splenium: ein winziger schwarzer Pfeil, der mitten in den sehenswerten Busen zeigte. Korallenarmband und goldbronzierte Fingernägel. Das Parfüm scheinbar Krokuswasser, was Anatolios nebenbei während der Mahlzeit noch mehrfach zusätzlich im Raum zerstäuben ließ. »Na, mein Thesaurus?!« bemerkte er tadelnd über die Schulter – wohl wegen der Verspätung).
»*Jaja: sogar ich plane schon,* ein statistisches Handbuch über Hämimontus zusammenzustellen –« seufzte er kokett: »vor lauter Langeweile – –« (dabei ist er erst den dritten Tag hier. Will also länger bleiben?). Drüben griff Agraule mit Stöckelfingern in den Salat; löffelte in einem Ei: husch, schoß ein sehr schwarzer Blick her. (»Nicht so viel Salz –« murmelte die Buhlerin unterwürfig ihren Rat: gefährdet nämlich angeblich die Keuschheit; sie muß es ja wissen!).
Stolz brachte der Cellarius jetzt eigenhändig die Seebarben herein: noch lebend, in einem großen gläsernen Behälter; wies sie im Kreise herum: – , – und gab die Tiere dann den Frauen (die größte verlangte der Gourmand Anatolios!), die sie in ihren Händen sterben ließen, um sich an dem prachtvollen Farbenspiel zu ergötzen. Sofort nach erfolgtem

103

Tode schoß er damit wieder in die Küche – und kaum 5 Minuten später wurde das köstliche Fleisch aufgetragen. (»Ne gespaltene Zunge müßte man haben, wie ne Schlange: die leckerhaften Tiere können die Freuden des Mahles doppelt genießen!« seufzte Anatolios; steckte einen Amethyst an den Finger, und soff dann wie Bacchus persönlich).

Hände abspülen und am Tischtuch abtrocknen: Gabriel zog sich den Gesundheitszahnstocher aus Mastixholz (Monogramm am Silbergriff!) aus dem Mundloch, und versetzte (noch immer einmal mit der Zunge nachbohrend): »Zur Hälfte erst!« und zu mir: »eine kleine Abhandlung über die Menschenopfer der Paganen ...«

Achilles: opfert dem Schatten des Patroklos 12 Troerjünglinge. / Depontani: zur Zeit der römischen Republik wurde, wer unnütze 60 war, von der Brücke in den Tiber geworfen. / Julius Cäsar läßt 2 Menschen auf dem Marsfelde opfern. / Noch Augustus nach der Eroberung von Perusia 300 Besiegte feierlich schlachten. / Undsoweiter: Christenverfolgungen! – (Er bohrte und lächelte mit vernichtender Güte, seiner Sache sicher; und ich senkte erst den Kopf, was er befriedigt beobachtete. Während Anatolios sich von seiner Konkubine die abschließende Dosis Hippomanes, getrocknet und pulverisiert, reichen ließ. – Dann begann gar noch eine hitzige Debatte über Blasensteinzerstückelung; wie es bei defekten Alten untereinander scheinbar unerläßlich ist).

Während langsam die Lichter erloschen tat sich in der Wand ein Vorhang auf (war schon ein reizendes kleines Privattheater!). Hübsche Buschkulissen, zwischen denen Pantomimen den Epilenios aufführten (wo alle bei Weinlese und Mostkeltern vorkommenden Arbeiten dargestellt werden) : die Frauen natürlich so nackt wie möglich. Die Männer in Masken; vor allem der Hapalos in vortrefflicher Charakterisierung. Ein Gewitter zog zierlich auf, wobei Bärlappmehl und Bronteion nicht geschont wurden (und immer dazwischen die Biographie des Großen Blasensteins vom 4. Juni 541!).

»*Ist freilich nicht* mit Theodora und Chrysomatto, zu vergleichen« schloß Anatolios behaglich: »aber mir gefällts!« Herausfordernd. Und ich nickte ihm zu Gefallen so lange, bis er befriedigt schien.

»*– Alte Leute! – – –*« bat er unwiderstehlich: »aber während wir ein Stündchen ruhen, muß Dir Agraule noch Haus und Hof zeigen : !« Sie erhob sich mager und engelstill: »Der Wille meines Vaters ist mir Gesetz« sagte sie leise. »Nanu?! : das wär' aber auch das erste Mal!« rief Anatolios so perplex, daß wir Alle feixen mußten, auch das fromme Töchterlein blitzschnell einmal, während wir gewandt aus der Tür schlüpften.

Aufatmen! (Draußen in der Halle. Prachtvoll die Treppen und Wände: meer-grüner Marmor aus Karystos, weißer mit breiten schwarzen Adern, die riesige Säule im Zentrum hell mit feuerroten Flecken). Schon kam sie wieder, hatte nur rasch eine Palla umgeworfen. (Ah: auch andere Schuhe. Mit Flügeln hinten, um den Eindruck des schwebenden Ganges noch zu erhöhen).

»Du bist 20? : Ich werd bald 17.« sagte sie genäschig, »bin sogar an einem Schalttag geboren!« (herausfordernd; wo sie doch genau weiß, daß das für fatidik gilt!).

»Persisch hab ich auch gelernt: – falls man ma n Perser heiratet; man weiß ja nie!« (selbstbewußt. Gewiß, es kommt vor: Chosrau hat auch eine Christin unter seinen Nebenfrauen). Aber Thrakisch konnte sie doch nicht. »Wozu wohl auch?« fragte sie geringschätzig: »auf m Land mag mans ja brauchen können« achselzuckend: »für die Bauern und so . . .«

»Und wenn Du nun nach Thrakien heiratest?« (Galant, was?! Aber sie blieb unerschütterlich: »Dann lern ichs noch.«)

Ein Riesenarmarium, mit Citrus furniert, Prunkgefäße darin. Alte merkwür-dige Waffen. »Intressiert Dich son Zeugs?« fragte sie neugierig, und musterte mich immer wieder flink (bis ichs zurücktat, und wir Beide lachen mußten). »Eines der Badezimmer –« (Selbstredend mit Dampf-heizung und Dusche; das kreisrunde Labarium hatte mindestens 10 Schuh Durchmesser. »So raffiniert ist es bei uns freilich nicht«, gab ich gutmütig zu, »aber Wasserspülung haben wir auch!«).

Und so weiter (mindestens 50 Räume hat die Villa allein!).

Sie zog einen dreizahnigen Schlüssel: irgendwo aus sich heraus; aber ich hielt sie erst noch an, und wir besahen gemeinsam die eingelegte Schilderei der Tür: eine luftige Gestalt in einem weißen (über einem schwarzen! : toll gemacht!!) Gewande; dunkle Fittiche – und natürlich wieder das Kreuz: einfach außen auf die Hand geklebt! »Ein Schutzengel« half sie mir flink; aber ich wehrte entrüstet mit dem Kopf: »Sieh doch ma genau hin – da!« und da entdeckte auch sie das ursprüngliche, ebenhölzerne Füllhorn: »das war mal ein Morpheus, Du! – Also so eine Geschmacklosig-keit!!« (Aber sie hob nur gleichmütig die dünnen Achseln: »Na wenn schon – – : das sind meine Zimmer : !«).

Meine Zimmer: (ein kokettes Biest!): Erst die Garderobe: ein großer rahmen-loser Silberspiegel zum Verschieben. Die Schränke unordentlich offen. Schuhreihen: Sandalen aus feinem grünem Filz mit dicken Korksohlen (um größer zu wirken); sogar weiße Hetärenschuhe. (Eine kleine rund-liche Frau mit kecken Augen; also die Dienerin-Amme).

»Wonach riechst Du eigentlich so gut?!« : sie lächelte geschmeichelt und führte mich zum Toilettentisch: »Hier! – heißt ‹Kinnamomum›. Kostet enormes Geld: Comito hat mirs geschenkt!«. »Ja ganz recht: die Schwester der Kaiserin; die, die den Dux von Armenia geheiratet hat. – Theodora verwendets selbst gern.« und sie ließ mich nochmals an dem Büchschen schnuppern; interessant!

Aber sonst lag Alles wild durcheinander: ein Trilinum von Perlen. Eine Kalamis zum Haare brennen. (»Mach das bloß nicht!« und sie nickte mir anerkennend entgegen). Ein Tympanum. Alte etruskische Bronzetropfen als Ohrgehänge; Myrthensalbe zur Handpflege; Daktylien und Sphragide. (Auch ein Strophium; und sie beobachtete boshaft und gespannt, wie ich wider Willen so rot wurde).

»Darf ich ma? – « : und sie las natürlich die Äthiopika; den Achilles Tatius; ‹Hisminias und Hismine›. »Ja, ich habe gesehen!« (als sie mir auch gefällig die erotischen Briefe des Aristainetos herauswühlte; während sie ohne Eile mit dem Fuß einen wunderbar gearbeiteten erzenen Nachttopf unter den Schrank schob).

Von allen Seiten: Gold-Gründe, aus denen Heilige orthodox und verlegen grinsten. (Lag aber nur an der fromm-primitiven Technik der herrschenden Malerschule; dennoch wirkte die grundlose Heiterkeit dieser Leute – zudem alle von eiserner Familienähnlichkeit, wie eineiige Hundertlinge – deswegen nicht weniger befremdend: die beten sich nu untereinander an!).

»Schöne Bilder, nich?!« (langsam und prüfend). Wir sahen uns kurz an : ? – Tja, was soll man da sagen? Vielleicht knapp: »Viele.« Und sie nickte gewichtig: Viele!

»Hier schlaf ich: –« : und wies mit verrucht spitzem Finger auf das flache bunte Nest. Die vergoldete Ecke. Ein runder Teppichklecks: violett. Pantoffeln züngelten. (Und der Finger zeigte unerbittlich: ! – – bis sie meinen Atem hörte und befriedigt hm schnurrte. »Na, komm!«).

Wieder vor ihrer Tür (»Also mach bloß dies Kreuz runter!«: »Na hör ma ...« erwiderte sie sparsam entrüstet). Gleich gegenüber wieder die Säulenriesin, die von unten bis oben durchs ganze Haus ging: »Das ist aber ein Ding! : muß doch ein unerhörtes Gewicht haben! – Du, das würde mich interessieren: hat der Baumeister für die nicht ein extra Fundament legen müssen?«. Sie sah mich eigentümlich, fast betroffen an, blieb aber stumm und entschloß sich nur zu ein paar spöttischen Angelikonschritten (weiß es also nicht. Keinerlei Ernst bei diesen verzogenen Früchtchen).

»Es stinkt aber! – Na, wenns Dich durchaus intressiert? – –« meinte sie zweifelnd, stieß naserümpfend die Tür auf, und ich beugte mich erregt

über die großen flachen Tische : ? – – : »Ja, das sind Maulbeerblätter«
mußte ich enttäuscht sagen (sah wirklich zuerst nicht viel mehr; war zu
ungeübt). »Ist es denn nun wirklich eine Spinnenart?« : »M, m: es ist
ganz anders! : Kuck ma hier: ! « und nun sah auch ich die winzigen
Würmchen, da und da. »Einer muß sie Tag und Nacht füttern. Und
ganz trocken muß es dazu sein: dann verpuppen sie sich – wie unsre
Schmetterlinge ja wohl auch.« (Was heißt hier ‹wohl› ? : »Hast Du noch
keine gesehen?« aber die Dozierende trommelte ungeduldig mit den
Hacken): »und das Gespinst des Kokons ergibt dann eben die Seiden-
fäden!« und sah mich abschließend an, à la ‹hat sonst noch jemand eine
Frage?›.

»Na isochrysos ist sie jedenfalls nicht mehr. – Immerhin müssen – theoretisch-
theoretisch« (fügte sie begütigend hinzu) »80 Prozent der Rohseiden-
ernte abgeliefert werden: Verordnung von Papa« und sie wies mit dem
Kopf in ein geistiges Hinterland. »Wenn Du etwa n paar Eier haben
willst – ? : Ich zeigs Dir –« (ganz Großmut: gelt, Ackermann, da
staunste? !).

»2 nestorianische Mönche haben die ersten mitgebracht: via Persien, in ihren
hohlen Wanderstäben. – – No – ungefähr 6, 8 Jahre werdens sein«.

Draußen zwischen mächtigen Scheunengestalten (auch die Fructuarien meist
massiv; aber so ein ganz leichter Hauch von Verlotterung über Allem.
Aus der Leutekrankenstube kam wichtig ein Arztsklave geschritten,
knickte jedoch ein und floß schneller fürbaß, als ihn der kalte Blick der
jungen Herrin scheuchte). – »Das ist meiner!« (ein zweirädriger hoher
Luxuskarren, exzellent gefedert, er wippte beim bloßen Anfassen):
»dazu weiße Maultiere und vergoldetes Geschirr. Eure Bauernstraßen
hier sind doch *so* dreckig: da müssen die Räder so hoch sein, meine
Freundinnen haben mirs geraten.«

»Laß doch den armen Kerl in Ruhe!« : denn sie wollte eben einen Stein für den
armen Gecko aufklauben, der sich an der Mauer sonnte. »Gabriel sagt:
‹sie wären so boshaft, daß sie nach der Häutung ihre Haut selbst
auffräßen, nur damit solch herrliche Arznei für die fallende Sucht dem
Menschen nicht zuteil werde› !« und sah mich erwartungsvoll an. »Bei
uns sind sie als Fliegenfänger bedienstet. – Glaub doch nicht all den
frommen Unsinn!« aber sie wiegte sich, sehr zweifelnd: Gott bleibt
Gott, mein Lieber!

Auf den Steinplatten zuckten sie um ihre Buxbaumkreisel, rissen Peitscher-
gebärden hoch, kleine Schreie nadelten blitzschnell die Luft; erstarrten
im Gaffen, als sie uns sahen, riefen sich gassenjungig zu, huschten ab:
Beide infibuliert, Knabe und Mädchen. Zehnjährig etwa; Pueri minuti;

107

Ratten. »Oikotribes« sagte sie mißbilligendentschuldigend, als sie meine Entrüstung bemerkte: »Die nehmen sich immer mehr raus. – Wir haben Viele: Ihr auch?« (Ich mußte Eine zugeben. »Von meinem Vater«).

Da waren sie wieder, atemlos, und präsentierten uns mit höhnischen Affengrimassen das flache Lederetui: ich wischte sie mit der üblichen Handschwenkung fort; aber schon hatte der Junge grinsend den Deckel geöffnet: Olisben! : vom fingerschmalen biegsamen Stäbchen an, bis zum künstlich aufgerauhten rotledernen Oktodaktylos! Zog ich den Arm also weiter nach hinten durch, und hieb dem Frechling eine solche Ohrfeige, daß er umfiel und mit offenem Maul reglos liegen blieb (während das quieke Mädchen schon rannte). »Das war recht!« sagte Agraule, zu tiefst befriedigt: »endlich ma!«

»Gehörten nebenbei der Dicken drinnen.« (Soso).

Lieber die seltene schwarzhaarige Hyazinthe im Treibhaus; auch rote und weiße Leirien blühten hier noch. Levkojen. Granatbäume in Kübeln ...

Ein stechender Schmerz neben mir: so hing die Wespe am Handgelenk und fraß mich wütend (während der Gärtner Entschuldigungen stotterte, und sie mich erschüttert hinauszog: »Ochdu! !«).

»Hierher Thymos! : Kommstuhierher!« denn der mitgebrachte byzantiner Windhund hatte den alten vierschrötigen Molosser herausgefordert, kriegte natürlich unmenschlich Prügel (obwohl Parpax auch schon blutete!) und wurde nun – obwohl völlig grundlos – bemitleidet: »Oh, das sag ich Pappa: erschossen wird das Biest! !« (erregt). »Du: wenn Du das tust! ! –« : »Was *dann? : Was* dann? !« hetzte sie giftig, aber ich hatte mich schon wieder gefangen: »Du wirst es also nicht tun.« entschied ich: »versprichst Du s?«. »Denk gar nich dran!« maulte sie noch empört, kam aber doch wieder näher, und murrte nur noch ab und zu (streckte ihm auch, während ich »Guter Parpax!« und streichelte, die Zunge raus. Mir fiel ein: »Hast Du eigentlich schon mal so einen Seidenschmetterling gesehen?« : »Denk gar nich dran!«). –

Mitten im Garten ein großes Bassin: Rettungsringe und Schwimmgürtel, dick aus Binsen geflochten. »Viel zu kalt jetz: Kannstu schwimmen?« Ich lächelte nur rechts: »Während eines Bulgareneinfalls bin ich mal in voller Montur mitten durch den Delkos geschwommen. September wars dazu noch.« (Sie sah so verständnislos aus, daß ich ihr erst erklären mußte, was das sei, wo, und wie groß der See wäre: »Ihr parfümiert natürlich das Wasser – und träumt vor- und nachher auf dem Hemikyklion« : »Ja sicher!«.)

Ballspielen im Sphairisterion: die weißen Höfe waren von ihrer schmächtigen Stimme besessen: »Ich bin Basileiaaa ! ! !« (Also ich wieder der Onos;

aber bei der Phaininda macht es tatsächlich das tägliche Training: sie gab den raffiniertesten Effet, den ich noch gesehen hatte! – Auch ein bißchen Trigon mit der Aya, die aber gleich wieder ging).

Urania: die Luft um uns war voller Hände und Gelächter. Sie schnellte lang hoch, hing einen Augenblick am Ball, und sah – zumal mit ihren Talarien – aus, als wolle sie mit ihm davon fliegen! »Bin ich denn ein Engel in Deinen Augen?« (kokett); aber ich lehnte verstockt ab: Kenn ich nich! : »Eher wie ne Nymphe«. : »Waren die hübsch?« : »Na, so hübsch wie Eure Engel auch noch!« : »Was heißt hier ‹Eure› ? : seid Ihr etwa verkappte Paganen? !« (Also Distanz wieder!).

»*Das kennst Du auch nicht?* – Ihr wißt auch gar wenig!« (abschätzig); aber ich war zu sehr über das gepolsterte Kistchen gebeugt, in dem die neuen Tiere lagen, 3 große und 3 ganz kleine. »Nö, größer werden die nich mehr!« ; sie nahm Eins heraus, ordnete die Gliederchen in ihrem Arm, schmeichelte ihm übers Fell (und innen im Tier begann es eigentümlich zu surren, während es grüne Augen halb zuschlitzte, und behaglich ein Pfötchen öffnete: sieh da: ein Krallenfächerchen erschien!).

»*Und die sind besser als Wiesel?*« : »Viel besser!« erwiderte sie nachdrücklich, »der Villicus sagte erst gestern wieder: er wüßte bald nicht mehr, wie ne Maus aussieht!« – »Und ‹Katzen› nennt ihr sie – ?« : »M, m: sind noch ganz selten! – Das heißt: in Byzanz haben wir auch noch 2 : schneeweiße. – Die kriegen viel Junge: frag ma Pappa; vielleicht kannst Du gar ne Große haben. « –

»*Aach das Landleben!* –« und gerührt die kahle Kugel nach links (zitierte auch schwärmerisch den Pastor Corydon, der sich einen schönen Hering briet. Hinter den Beiden der Leibsklave mit 2 Klappstühlchen: trug der alte Salonthrakier nicht genagelte Sandalen? ! Aber mit Goldzwecken ! ! ‹Ach das Landleben› ! – Und Agraule sollte angeblich so tierlieb sein, daß sie noch den Schatten einer Mücke beerdigen möchte? Vorhin hatt' ich eigentlich nicht den Eindruck).

Aber der Spitzmausgarten! ! : (mal abgesehen von dem penetranten Moschusgeruch zwischen den Nußbüschen) : balgten sich, gefräßig zwitschernd, mit einer Eidechse um ein großes Insekt. Duellanten kugelten im Schatten. 6 Kleine hatten sich in die Schwänze gebissen, und so tappte die Reihe vorsichtig hinter der führenden Mutter zur Tränke (schlucken wie Vögelchen!). »Sie sind sonst lichtscheuer. Aber das Wetter wird wohl schön; da kommen sie raus –« er lockte huldvoll mit Haselkernen und griff sich eine Handvoll Samtpelzchen: besonders im Licht irisierten sie wie der Purpurreif auf Eierpflaumen; vom lebhaftesten Rotbraun zum glänzendsten Schwarz. – (Dann noch die

Schneckenbeete mit der Sprühanlage drüber; wer Geld hat, kanns machen!).

»Wir haben ein großes Nessotropheion: Vater ist Spezialist für Entenzucht.« und er lauschte gespannt, nickte, mit eingezogener Unterlippe, nach Einzelheiten, nickte: »Cha *das* sollte man auch haben!« (eigentlich hätte ich ihn nun wohl gleich einladen müssen; aber ich wollte doch lieber erst zu Hause fragen ...).

Heimweg: und Wolken von Wolken verfolgt. Ein Flug Rebhühner rauschte aus dem Acker. Die klobige Dämmerung; Mischling von Tag und Nacht. (Und das Mehlsüppchen würde mir baß tun nach all den Leckereien; auch dieser sonderbaren ‹Katze› hier, die sich angstvoll-ruhig im Korb tragen ließ).

Hinter grauem Wolkenrost das stille Abendfeuer: na, Algedonas ophtalmon sind sie Alle nicht! Und ab morgen soll ich an diesem ‹Kosmas-Kursus› teilnehmen? : Agraule habe es ohnehin eben im Unterricht, hatten sie gesagt: das fehlt mir noch in meine Sammlung! !

Die Hoflaterne, gelb, pflichtete mir brav bei; die Linde beugte sich rasselnd über mich.

»Na? ?« – – –

»Ja und warum sind sie eigentlich hier? !« (Die Katze war schon auf dem Heuboden zur Ruhe gebracht worden – natürlich zuerst mal aus ihrem Korb entflohen – nachdem ich dem Obermelker eingeschärft hatte, dem kostbaren Tier morgens und abends ein pralles Schälchen Milch an diese Stelle zu setzen). »Ich kanns nicht sagen: aber ich frag morgen gleich die Kleine!«; er kniff das große Greisengesicht zusammen und schob lange am Kiefer: »Die Kleine? – ach, die Tochter –« erklärte er sich dann abwesend.

»Ach was! Ihr denkt immer noch viel zu gut von den Brüdern!« (und dann ging Eutokios wieder mal los, gegen Thron und Altar: Lassen sich Kittel schneidern, in denen sie aussehen wollen wie Gott. Oder zumindest wies Schicksal. / Sprechen in einem Ton, etwa zwischen dem Winseln eines Bettlers und dem Zuschnappen einer Stahlfalle. / Das muß ein schlechter Kerl sein, der erst durchs Christentum gut wird! / Wer christliche Schriften liest, hat so viel Zeit verloren, wie er darauf verwendet. / Haben sie immer noch nicht ausreichend nachgewiesen, daß ein Nichtgläubiger auch ein Nichtswürdiger sein müsse?).

»Ja selbstverständlich mußt Du sie morgen *wieder* einladen« (mein Vater, während Eutokios auf seinem Stuhl zischte).

»Laß Dich ja nicht von der Finanzhyäne beeindrucken: selbst die Räuber nennen ihn ‹Räuber› ! / Der ist genau wie sein Kaiser: habsüchtig, geil,

von niedriger Pfiffigkeit, gemüts- und gewissenlos! / Justinians Vorgänger? : konnte weder lesen noch schreiben! Unterzeichnete vermittels einer durchbrochenen Schablone: wobei man ihm *noch* die Hand führen mußte!! : Bildung bei Hofe! / Der Schwiegervater war tatsächlich Bärenwärter bei den Prasini; und was die Kaiserin war, weißte ja selber!« (Eutokios).

»*Gabriel von Thisoa?* !« : da bog er sich und wurde lang und dünn. Pfiff rostig. (Auch mein Vater war ganz blaß geworden). »Hast Du erwähnt, daß ich hier bei Euch wohne?« und ich berichtete kurz: Beide schüttelten trotzdem besorgt: es gefiel ihnen gar nicht!

»*Jaja, wir kennen uns.*« (trockenes Gelächter) : »noch von der Schule her.« (War der also auch schon 70? Der sah aber viel jünger aus – naja: Pfaffen haben keine Probleme, regelmäßiges Leben ohne Nahrungssorgen; das macht viel).

Vorm Fenster der Wulst der Nacht; die Lichter gingen eins nach dem anderen aus (wir verlöschen sie nie): »Über heidnische Menschenopfer schreibt er grade? : Hättest ihm Hypatia entgegenhalten sollen, die vor 100 Jahren auf Anstiften des Fanatikers Cyrillus vom christlichen Pöbel in Alexandrien gesteinigt wurde. Oder Sopater von Apamea, den Konstantin ausdrücklich als Heiden hinrichten ließ. Die ewigen Ketzergesetze. Oder gefragt, ob die Vandalen vor oder nach ihrer Bekehrung greulicher gehaust haben.«

»*Ach Christenverfolgungenchristenverfolgungen!* : das hatte fast immer andere als religiöse Gründe. Die Alten kannten noch keine Gesetze gegen anders *Denkende*: das zu erfinden blieb seiner Kirche vorbehalten! Wohl aber gab es welche, worin alle Zusammenrottungen, und besonders nächtliche, bei schwerer Strafe untersagt waren: ‹Si quis in urbe coitus nocturnus agitaverit ...› : darauf hielt die Polizei, und mit vollem Recht; und wenn die Christen das übertraten, wurden sie eben bestraft: *nicht wegen ihres Christentums, sondern als verbotene Untergrundbewegung, mit dem offen eingestandenen Zweck der Weltrevolution!* – Außerdem war ihre Hartnäckigkeit gerade hierin nicht im geringsten begründet – durch ihre Evangelien, oder so: da heißt es ja ungefähr: ‹Wo ihrer 2 oder 3 in meinem Namen versammelt sind ... ›. Aber selbst *wären* solche nächtliche Hetärien ihnen vorgeschrieben gewesen, hätten sie ja nur offiziell beim Magistrat um Erlaubnis dafür einzukommen brauchen: das hatten z. B. auch die Juden tun müssen, und prompt für ihren Gottesdienst Befreiung erhalten! : aber die Christen *wollten* stänkern! Sie wollten nicht *Duldung für ihre Religion* – die hätten sie durch einen einzigen Auftrag erreicht! – sondern die *Weltherrschaft*, die sie natürlich geschickt als ‹Das Reich Gottes› darzustellen wußten!«

»Nee mein Junge: wer die Erde als Scheibe ansieht, *weil* eine 1000 Jahre alte verworrene Chronik das verlangt, mit dem gibt es keine Verständigungsmöglichkeit! Schon *daß* man an das Vorhandensein eines von Gott diktierten unfehlbaren Schmökers glaubt, zieht eben den Strich! Unfehlbar ist nichts, und Gott schon gleich gar nicht: die traurige Beschaffenheit einer Welt, deren lebende Wesen dadurch bestehen, daß sie einander auffressen, ist wohl nur im Witzblatt als das Meisterstück kombinierter Allmacht, -weisheit und -güte zu bezeichnen!«

»Siehstu: auch das ist typisch: Aber es hat den ungewollten Vorteil, daß der Wissende den Inhalt sofort an der Überschrift kennt: mach Dir getrost Notizen von seiner ‹Christlichen Topographie› ; ich hab früher schon davon gehört; aber als geschlossenes System tritt es wohl zum ersten Mal auf. Bereite Dich nur auf knollige Hypothesen vor: bestimmt ist die Sonne lediglich als Leuchte für Mutter Erde erschaffen; da darf er freilich nicht wissen, daß ihr weniger als 1 Milliardstel der Gesamtstrahlung zugute kommt!« kicherte; aber faltete doch nervös an den Händen.

Draußen: Mond in einem Ringwall von Wolken; verrenkte Lichtglieder lagen überall; der Wind riß aus wie ein Hengst.

Drinnen: hörte ich meinen Vater fragen: »Ob wir etwa das gesamte Gesinde informieren? : Niemandem zu sagen, daß Du hier bist?« : »Um keinen Preis! *Das* machte erst Aufsehen!«. Pause. »Auswandern müßte man können; aber wohin? Wenn England noch Britannien wäre! – Jetzt bleibt wieder nur Persien.« Und ich lauschte entsetzt: *mein Lehrer! ! :* Soll ich ihn wegen Denendadrüben verlieren? ! Die Hauswände blähten sich vor; ein graues Licht; zogen sich wieder zurück.

» ‹Ich› ? : das ist, wenn man erst einmal 40 war, nur noch ein Sortiment von Schrullen und schlechten Gewohnheiten. – Ja, geh schlafen, Lyko: 'nachtmeinjunge!«

Traurig und lächerlich zugleich: ein Mensch der betet! : Soweit wirds mit mir nie kommen! (Der Mond sprang immer noch durch seinen eisigen Reifen).

Mitternacht: es zog. Zog durch den Mondschlot.

Morgen: wie ein Mohnblatt glitt er eben in die Büsche. –

»He – to – the – o: Kai arnio: esphagmeno: eulogii – a / : doxakaieucharistiiii – aaa!« (‹Hell wie der Stern vorstrahlt zur dämmernden Stunde des Melkens›; und Amiantos hob entschuldigend die Hände: »Soll jetzt jeden Morgen sein: Andacht –« ging, mit Diplomatengesicht).

(Also hübsch ist sie beim besten Willen nicht!) : »Duhr-i särät bigär där!« und sie antwortete persisch-verbindlich: »Muhäbbät-i-tu käm nä schäwäd.«

»*Einen ganz kleinen Augenblick noch* –« (Gabriel im Ornat): »nur noch den
justinianischen Hymnus …« (Vom Kaiser persönlich gedichtet und
eingeführt; ich kannte ihn absichtlich nicht, wurde also vom Mitsingen
dispensiert; verschränkte aber entgegenkommend die Finger – und
schon gings los – und herausfordernd laut dazu): »Homogenes Hyios /
kai logos tu theu ….« (Tausendzweiundsiebzig. Tausenddreiundsiebzig.
Oder ma Entfernung bis zur Kanzel schätzen).

Ein helles sachliches Zimmer: er am Pult, Einer der sich selbst erhöhte; wir,
betont, am leichten Tischchen nebenan: so dicht nebeneinander, daß er
Agraule eine Weile mißbilligend anstarrte (die war aber auch dickfellig;
und meine Gedanken sammelten sich wie Spitzbuben einer Bande).
(Aber was war das neben ihm wieder? : ein kopfgroßes struppiges
Gebilde, kugelig und starkbraun).

Er setzte die Fingerspitzen aneinander: – –

»*Ich sehe ihn noch vor mir* – – *:* ein fast kleiner untersetzter Mann. Still.
Verinnerlichte Augen –« («querer wächserner Jesusblick› hat Eutokios
mal formuliert) : »Ich habe manche Monde um den Meister sein dürfen
– auch ein wenig an seiner unvergänglichen Arbeit teilnehmen – und
weiß deshalb Einzelheiten, die zum Teil noch nicht einmal im Buche
stehen –«

Weitgereister Mann, der Kosmas, zugegeben!; »… Indien und Selediba« (also
nicht mehr Taprobane; ist aber wohl nur der Persername, bei denen
‹Dib› ‹Insel› heißt : »… dann die ersten Regierungsjahre des Kaisers
Justinus« (der mit der Unterschriftsschablone von gestern, der Onkel
des jetzigen, nischt wie Istock und Biglniza) »im Reiche Axum.«
(Schön, das soll seine Legitimation sein). »Ganz zu schweigen von
seinen Kommentaren über das hohe Lied und die Psalmen!« (Ja, solche
Arbeiten sollte man als Geograph allerdings besser verschweigen! Hat
wohl mit der Bibel in der Hand nachgesehen, ob die Erde noch stimmt?
– Allerdings Kaufmann auch: hat also vielleicht erst nach der Pensionie-
rung ‹Gott erfahren›; na, ma abwarten!).

(Aber jetzt wurde s intressant!) : »Die genähten Barken von Rhapta; ohne jeden
Nagel, ohne alles Eisen: die elastischen Bretter mit Kokosbindfaden
zusammengefügt« (ach, das ist eine Riesennuß? : und ich wog die
Argellia fasziniert in der Hand: müßte man mal stecken, und den Baum
sehen können. Innen scheint Flüssigkeit zu schlenkern. – Und daß die
Schiffe praktisch sind, glaub ich schon: beulen sich beim Anstoßen ein,
ohne zu zerreißen; können selbst dann leicht geflickt werden –). /
»Damit also fahren sie zur Insel Menuthias, holen Schildkröten ab, die
man dort in enormen Netzen, aus Weiden geflochten, fängt – –« (und

113

gleich wieder so groß, daß 12 Männer Mühe haben sollen, sie zu überwältigen und zu tragen! Allerdings: wo es auch solche Nüsse gibt – – – ? ?). / »... das unschätzbare adulitanische Monument ...« (Jaja: wo der Anfang nicht zum Ende paßt. Aber immerhin, das war eine wissenschaftliche Tat, daß er und Menas das Ding kopiert haben!). / Indische Wunderfische: die aus ihren Mäulern den Menschen bedenkliche wasserhelle Tropfen in die Augen schießen. Saugfische benützt man, an Stricke gebunden, wie Hunde zur Jagd. »Kosmas beteuerte mir, daß manche dieser Fische auf Palmen klettern, sich dort an Palmwein berauschen, und wieder in ihr Element zurückgehen!« (der letzte Satz war laut und strafend gesprochen worden, denn Agraule hatte ungeduldig mit den Beinen gewackelt. Setzte es auch, gestärkt durch den Gedanken, daß der Tadel sich heute auf 2 verteile, diskret fort).

Und jetzt das eigentliche Lehrgebäude: großer Irgendwer, im wahrsten Sinne des Wortes: ich gaffte nur immer die ungeheuerliche Zeichnung an. Und er freute sich gnädig des Eindrucks, den mir die Stiftshütte Mosis als Erdmodell machte –

»*Die bewohnte Erde* ist ein Rechteck, doppelt so lang als breit – 400 Tagereisen, beziehungsweise 200. Oder« (er steigerte sich, herablassend komisch, prudelbackig, für mich Mathematikerlein) »genau 11 790 Millien auf der Linie Tzinitza – Gades; 6300 von den Hyperboräern bis Äthiopien.« (Maaße stimmen annähernd). / »Ringsumher fließt der Ozean, welcher sich noch 4 Eingänge in diese Innere Erde macht« (und er zeigte: mittelländisches und kaspisches Meer; arabischer und persischer: schon recht: wo aber bleiben Sinus Gangeticus und Magnus?). / »Außerhalb des Ozeans befindet sich gegen alle Weltgegenden ein anderes, zusammenhängendes, festes Land, in welches die Menschen nicht mehr kommen können; ob sie gleich einst auf demselben wohnten: denn auf der Ostseite befand sich das Paradies, und noch jetzt strömen die 4 großen Flüsse, welche einst Eden bewässerten, durch unterirdische Kanäle in unser Festland – aus Gottes unversieglicher Gnade! – Nach dem Sündenfall mußte Adam zwar aus dem Garten, durfte aber mitsamt seinen Nachkommen noch am Ufer wohnen bleiben: bis die Sündflut dann die Arche mit dem Noah in unsere Erde versetzte.« (er mochte wohl mein Stutzen bemerken, denn schon fügte er strahlend den ‹Beweis› an): »Noch treibt den Völkern Kattigaras zuweilen Strandgut aus dem Paradiese her: unsere Gewürze, Nelken, Zimt: in der Tat, wie? ?« (Das haben Euch wohl die gerissenen arabischen Kaufleute des Inneren Indien, in Hedschas und Yemen, aufgebunden, was? Hat Agraule also Paradiesesduft oben? Gut riechts ja! – Ihre Finger züngelten dünne

Flammen. Wirbelte lautlos Punkte untern Tisch, ganze Reihen. Rollten
sich, weiße Schlänglein, ein. Der Rha war mit dem modernen Namen
‹Atel› eingezeichnet; in India extra Imaum ‹Weiße Hunnen›.
An der Nordostecke Hippophagen: also wahrscheinlich Reitervölker).
(Tatsächlich: auf den Ostrand hatten sie ‹Paradisus› hingeschrieben). »Hier im
Norden die Regio Procellarum, Wolkenwerkstatt und Aufenthalt der
Stürme. Im Westen ein dämmriges stilles Land; eben; Weiden, nie von
einem Wind bewegt, trauern um graue Bäche. Nebel tasten sich mit
blinder Silberstirn durch die Täler; Krähen und feiner kalter Regen.«
(Schönschön: aber woher weißt Du?) : »Im Süden eine Wüste: rastlos
durchschweift von feuerfarbenen Dämonen: die Spitzen der Mehrfach-
hörner vergiftet, mit Geißelschweifen und fetten Zinnoberbrüsten«
(unwillkürlich mußte ich zu Agraule hinsehen; dann erst nach dem
Gruppenporträt, das er auch hiervon besaß: aha, trugen noch eine Art
Mistgabel in den Hakenfäusten; die Meisten auch rote scharmante
Fledermausflügel).
»Warum man das Äußere Meer nicht beschiffen kann? –« (und nun kam es
immer abwechselnd: Schlamm, Seetang, Ungeheuer von heroischen
Proportionen; Windstillen wechselten mit Wirbelstürmen, Finsternisse;
Eiswälle, mit Nebeln bemannt; agressi sunt mare tenebrarum quid in eo
esset exploraturi): »Tiefer als 10–15 Stadien ist es nirgends«.
Unter dem Allen, in Felsenkammern und qualmigen Arenen die Inferi: alte
Götter, Heiden und Verdammte, in trübem Feuer und Rauchwirbeln,
geselliges Beisammensein, Stöhnen und Zuckungen: »das unterirdische
Feuer ist ja sattsam bewiesen durch die italischen Vulkane – wohl eine
Art Esse dieser Höllen. – Gewiß: natürlich: auch durch die häufigen
heißen Quellen, ja!«
(Ein anständiger Mensch würde die Umrisse des Außenkontinents ja punkiert
gezeichnet haben, um die Unsicherheit anzudeuten! Nach seinem eigenen Geständnis war doch noch Niemand dort gewesen: und hier sah ich
Flußmündungen eingetragen, Höhenzüge und mehr Einzelheiten: wenn
wir solche Methoden mal bei der Katastrierung von Kirchengütern
anwenden wollten: die würden sich ganz schön beschweren! – Also das
lehne ich ab!).
Ich wollte gerade den Mund hierzu auftun, als er sich vorbeugte und lächelnd
die gespreizte Hand über das Blatt deckte: »Genug für Heute.« (Das
kann man wohl sagen!) : »Wir sehen uns also morgen hier wieder.« (und
dann brachte ich noch meine Einladung an. Wobei Agraule mit größe-
rem Interesse zuhörte, als sie je seit heute früh gezeigt hatte: »Ja gern! – :
Na*tür*lich!«).

(Schade: nach dem Riesenberg hätt ich noch gern gefragt. Na dann morgen!).

Wieder im Park mit Agraule (auch Anatolios hatte mit feiner Begeisterung angenommen, und sich sofort die dickste Schreibtafel ‹mit fliegenden Händen› zurechtgelegt: Notizen für die Entenzucht! ! – ist einerseits rührend nett von dem Alten, wegen mir so ein Theater zu veranstalten!) : ein mandelfarbener Doppelchiton mit buntem Saum (»Meine Lieblingsfarbe« hatte sie ihn vorgestellt); rotes Haarnetz; hinterm rechten Ohr züngelte eine Goldnatter hervor.

(Ach richtig, eh ichs vergesse!) : »Warum seid Ihr eigentlich ausgerechnet zum Winter hergekommen? Da ziehen, im Gegenteil, die Reichen doch sonst grundsätzlich in die Stadt? !« Sie schniefte gleichmütig: »Ach weißtu, das ist so: Pappa ist doch Hofkammerdirektor beim Kaiser. Ja, auch erster Chartophylax und Alles Mögliche. Mit konsularischem Rang –« (aha: daher immer die purpurverbrämte Toga!) : »aber seine Hauptaufgabe ist eben, Geld ranzuschaffen. Da hat er nun scheinbar die Steuerschraube etwas überdreht, so daß zu viele Beschwerden eingingen, und Justinian pro forma ein Exempel statuieren mußte: hat er ihn eben für n halbes Jahr auf seine Güter verbannt! Obwohl er durchaus mit ihm zufrieden ist: er führt ja auch von hier alle Geschäfte weiter.« (also relegation ad tempus). »'n paar Pestfälle sind übrigens auch wieder aufgetreten; da paßte's ganz gut.«

»*Ach,* das hat gar nichts zu sagen! : Nächsten Mai wird Justinian 60, da giebts bestimmt ne große Amnestie, und wir können wieder zurück. – Hier iss es langweilig, nich? !« (ließ mir aber keine Zeit zu Protest und Gegenbeweis; jetzt war sie dran):

»*Hast Du* gar keine Geschwister weiter?« : doch; eine Schwester hatte ich in Cherson gehabt; war aber schon 2 Jahre tot. (Agraule ist das jüngste von 5 Kindern: 2 Schwestern, »längst verheiratet«; 2 Brüder von Anfang 30. Die Mutter, wie meine auch, viele Jahre gestorben. »Pappa hat so 3 Dutzend dicke Planipeden, mit denen er immer wechselt«).

»*Hastu viele Kinder?*« : ich drehte entgeistert den Kopf ob solcher Zumutung; beschloß aber, mich der Abwechslung halber mal nicht zu entrüsten, hob also bloß die Brauen und verhieß: »Du bist unmöglich!« »Aber Du hast welche? !« (unbeirrbar). »Also! ... : Natürlich nicht! !« : »Das ist kein Grund zum Schreien«, versetzte sie wohlgefällig: »Ach was! : meine Brüder sind auch nicht verheiratet, und haben – och, *zich* Stück!«. »Haben aber schon Alle ihr Erbteil weg: ich krieg mal das Gut hier mit«.

»*Hach: überall schon!*« und sie bog zählend die Finger ein: »In Berytos bin ich geboren. Hierosolyma. Alexandreia.« (3 Finger waren erst weg; sie zauderte; ein Seitenblick; dann befreit): »Athen!« und kniff großzügig beide Fäuste ein: »Warstu schon mal verreist? – Ich kann stenographieren!« (Eine Logik ist in dem Volk! Aber ich verstand die Absicht schon!).

Ja, in Cherson war ich ein halbes Jahr gewesen. Und Umgebung: Pantikapeion. Eben bei meiner Schwester damals. Das große Flachmeer Mäotis, mit seinen Watten und Sandbänken: »ohne Lotsen kann man da überhaupt nicht fahren!«; die endlosen Sümpfe und Schilfdickichte: »im Winter friert Alles zu, so daß man mit voll bepackten Lastwagen rüber fährt. Sogar ein Treffen soll mal drauf stattgefunden haben«. Dann Details vom Pelzhandel, und das interessierte mein Modedämchen sehr.

Aber ein großer Park hier! : Röhrichte, in denen Pelikane gründelten; fern im Dunst das Schindeldach; eine Schafherde murmelte vorbei; im arbustum würgten armdicke Reben ihre Trägerbäume.

Auf der Wiese der einsame Gnomon der Sonnenuhr; auf marmorner Platte ein Bronzepfeil; die Kurvenschar sorgfältig eingelegt; ebenso die Inschrift ‹6 Stunden widme der Arbeit; die übrigen: lebe!› (»Als Feldmesser mußt Du grundsätzlich ein Prostahistorumenon mit Dir führen! – Ist das ein Tempel da drüben?«).

Sie runzelte die Stirn; sie sagte schwächlich: »N Kapellchen natürlich. Mama liegt drin begraben«.

Noch brannte die Grablampe innen (wurde laut Testamentsverfügung alle Kalenden, Iden und Nonen angezündet); die Relieffelder des Sarkophags zeigten abwechselnd Szenen des alten und neuen Testaments und der Jahreszeiten. Sonst wie ein Kirchlein in Miniaturformat, mit Narthex und einem lebensgroßen ‹Guten Hirten› in der Halbrundnische hinten. »In der Hagia Sophia hat allein das Thysiasterion 40000 Pfund Silber gekostet!« (So gehn unsere Steuern weg!!). »Ihr verbrennt Eure Toten?! : Oh Pfui! !« und sie schritt indigniert voraus, zurück.

Die gelben Herbstblätter ihrer Hände lagen weich auf dem grauen Marmor der Rundbank. »Pflanzen sind ebenfalls mit Vernunft und Erkenntnis begabt: das lehrte schon Aristoteles!« aber sie seufzte ablehnend: »Wenn man danach gehen wollte, dürfte man überhaupt nich mehr essen: und ich hab schon *son* Hunger!« (Also zarte Andeutung, daß sie meiner Anwesenheit entraten könne; gehn wir folglich etwas schneller. Aber sie hielt mich lässig an der Handbremse).

»Und Du lernsts auswendig, und plappersts nach!« : »Ja sicher!« sagte sie ungeduldig, »er iss doch nu ma mein Lehrer! – Iss es denn nich absolut wurscht, ob die Erde ein Ei ist?«. Ich versuchte, mit Nachsicht, ihr zu erklären, warum – – aber sie lauschte zu mißtrauisch und entschied viel zu früh: »– also zumindest fürn paar hundert Jahre iss es noch völlig

gleichgültig: was *willst* Du denn da bloß immer? !« (und, jetzt voll
ungnädig) : »Wenn Du n Kavalier wärst, wär Dir meine Figur viel
intressanter als die der Erde! !«

»Also kommst Du heute Nachmittag wohl gar nicht mit zu uns?« fragte
ich, heuchlerisch bedrückt; erhielt aber nur einen hoheitsvollen Blick:
»So üppig wuchern die Zerstreuungen bei Euch in Thrakien wahrlich
nicht, mein Lieber, daß man auch die ärmlichste leichtfertig auslassen
könnte!« – –

»Und den Lychnuchen laßt ja drin: was meinst Du, was Gabriel sich giftet! –«
(mit diesem letzten Ratschlag entfernte sich endlich Eutokios, und
wurde für den Rest des Nachmittags unsichtbar). »Was haben die
Christen nur gegen solche Lampenbäume? : sind doch phantastisch
gearbeitet! – ich möchte mal alle 360 brennen sehen!« : sie hingen an
feinen Kettchen von den Ästen des Bronzebaumes, apfelförmig, mit
Sprüchen und mythologischen Szenen über und über graviert; küßlich-
runde Dochtmäulchen lockten; aber mein Vater schüttelte bedauernd
den Kopf: »Was denkst Du, was das kostet! – Wir haben ihn bisher nur
zweimal angezündet, unten in der Halle: bei meiner Hochzeit. Und als
Du geboren wurdest. – Stehen bleibt er selbstverständlich!«.

Sind sie das etwa schon? ! : ich räumte gerade mein Zimmer etwas auf. (Nicht
etwa extra für die!).

Essen (Ja, Leckereien bekommst Du hier nicht!) : Alicagraupen; Rotkohl;
Fische in Oxygaron. Selbstgebackenes Brot im Bauernformat, so knusp-
rig, daß es unter dem großen Messer sprühte (Anatolios begeistert:
stand es nicht so bei Virgil? – Aber unser Pistor war gut; auch für
einfache Kuchen!); dazu bitterer einheimischer Honig (»Also genau wie
sardinischer!« Anatolios höflich; dabei hatte Eutokios giftigen ponti-
schen für ihn vorgeschlagen, nicht unsern schönen Acapnon!). Zum
Nachtisch dann gerösteten Mohnsamen mit frischer Butter. Die Anderen kosteten unsere dicken schwärzlichen Weinsorten; wir Beide tranken wohlerzogen Melikraton, Honig in jungem Most, 1 zu 9, (sie tunkte
erst entsagungsvoll ein spitzes Schnutchen in ihren epheubekränzten
Pokal, trank aber dann wacker weiter).

»Fastentag« hatte Gabriel sonor angekündigt, und mehrfach nach der Biber-
kelle in Apostelsoße gegriffen (gut fressen wollen sie aber trotzdem!). –
Nanu: auch die Ringelgans? ! : »Ä-sie entstehen ja bekanntlich aus
Entenmuscheln, und sind also erlaubt« informierte er Anatolios, (der
vorurteilslos die Hände schwenkte. Und mein Vater – alter Entenspezia-
list, wie gesagt – erschrak nicht wenig ob solcher Probe klerikaler
Bildung und Kasuistik: sind geschickte Leute!).

»*Es ist Phasiswasser*« pries mein Vater seine Grille: »erst mit dem letzten Schiff
gekommen. – Es ist doch viel leichter und süßer als das hiesige! Zwar
etwas bleifarbig; aber wenn es sich einmal gesetzt hat, äußerst rein und
gesund: hält sich mehrere Jahre ohne zu verderben! Ein Götterwasser,
und geht mir nie aus!« –

»*Ach, hier ist das Entengehege*!!« : Alle davor: die 20 Fuß hohe Mauer (»außen
und innen glatt verputzt und weiß getüncht« murmelte Anatolios
zwischen Oberzähnen und Unterlippe, flie-gend-no-tie-rend: »50
Schritte im Viereck? ? – – Achtund-vierzich!«) Dann traten wir ein:
oben mit Netzen überspannt; in der Mitte ein Bassin mit Wasserpflanzen
und Schilf; 20 Fuß breite Rasenbahnen um diesen Teich. (Gabriel
entdeckte eben voller Abscheu unsere Wetterfahne: ein beweglicher
Triton, der mit seinem Dreizack gegen die Windrichtung drohte).
Anatolios untersuchte drüben die zahlreichen, viereckigen bedeckten
Steinzellchen (».... auch gekalkt sein ....«) zum Nisten; die meisten halb
versteckt in Strauchwerk und kleinen Schatten: »Ja, also das *muß* ich
einfach haben!« (inbrünstig; Gabriel umging indessen wie beiläufig
unsern alten tätowierten Entenpfleger – – kam zurück: »Auch noch n
Pagane, gelt?« : »M – zum Teil!« lehnte ich ab (und er wollte aufzucken:
zum Teil? ?!!) : »freilich werden auch Bendis und die Aloiden noch ab
und zu verehrt. – : Otos und Ephialtes, 2 Dämonen des Saatlandes –«
erläuterte ich voll Behagen dem Inquisitionsgesicht: »trinken nachts ma
bei den Steinen Bier; das ist Alles.« : »Ach? : Das ist Alles?!« fragte er,
fleckig vor Wut und sogenannten schneidenden Hohnes).

An feuchten Stellen Rohrpflanzungen anlegen? : »Ja, das geschieht bei mir
auch.« / »Ach, Ihr hängt Wespenzweige zwischen die Feigenbäume?
Hilft es denn tatsächlich so viel?!«; und mein Vater erklärte ihm geduldig,
wie durch das Anbohren mit dem Legestachel die Frucht gereizt würde,
mehr Saft ströme zu, sie geriete größer und zarter. – »Ob man das auch
mit der Hand machen kann? ...«

Aber hier wußte Anatolios tollen Rat (wir hatten ihm unseren schönen Schimmel gezeigt, und über sein unaufhörliches ‹Weben› geklagt: *war* auch
erbarmungswürdig anzusehen, wie das geängstete Tier mit gespreizten
Vorderbeinen stand, und Kopf und Oberkörper zwangsmäßig hin und
her schwang!) : »Das machen wir sofort! : Habt Ihr – ä – Teer; oder n
Eimer mit Ruß?!« Er klomm persönlich auf das Mäuerchen der Box,
und pinselte sorgsam den handbreiten senkrechten Balken an die Wand:
dem Pferde mitten vors Gesicht! Wir sahen uns ungläubig an (während
er sich die Hände in einem Tränkeimer wusch). – – »Aber jetzt hört
doch Alles auf! –« : der Schimmel stutzte noch immer; unterbrach seine

Bewegungen; drehte den Kopf fragend nach uns her: ? wollte weiter weben – es ging nicht! Er legte die Ohren nach vorn, pustete, scharrte: den Schwanz hoch: tcha, es ging nicht mehr! ! (Und Anatolios stand stolz daneben, die Arme cäsarisch verschränkt: ? : ! – Aber das hätt ich nicht geglaubt: kann doch was!).

Allein mit Agraule (beim ‹Hauszeigen›). »Kränze aus Eppich oder Selinon hätten wir aufhaben müssen!« aber sie grunzte abfällig: »Selinon kann ich nich riechen!«

Der Mosaikfußboden der Halle: ».... auch ma wieder abschleifen lassen ....« maulte sie; wurde aber heiterer bei Untersuchung der schweren Holztreppen: »feine Verstecke drunter!«

»Und hier wohnst Du?« : zuerst verfiel sie der Riesenweltkarte des Ptolemaios (aber nach der exakten Anweisung, mit gekrümmten Meridianen!), die mit ihren abstrakt vielfarbigen 10 mal 6 Fuß, im hellsten Licht, ich hatte sie mit Eutokios gemeinsam gezeichnet, alles erschlug: »Hübsch, Du! !« (da kann man nur den Mund kurven: wenns nichts als hübsch wäre? !).

»Wer ist das hier? !« (unwirsch, und ich errötete leicht): lebensgroß in der Ecke ein hurtiges schlankes Mädchen, leicht auf den Zehen dahinschlüpfend, das grüne Gewand mit der Linken gerafft. Langes offenes Haar; Lilie und Granatblüte in der hängenden Hand; im Kleidsaum ein Muster von ‹unklaren› Ankern: »Elpis? – – : Sie sieht *mir* ähnlich.« sagte sie kurz. (Da möcht ich aber wissen, wo!).

Der Fußboden mit gefärbtem und wohlriechendem Sägemehl bestreut; große weinrote Kreise als grobes Muster drin: »Extra für uns machen lassen, was? !« schlug sie ironisch vor, aber ich gabs sofort beleidigend zu: »Selbstverständlich. Sonst giebts hier solchen Unfug nich!« Pause. »Mein Vater wollte s auch bloß.«

Wie dem auch immer sei: »Man sieht jedenfalls, daß ne Frauenhand fehlt«, behauptete sie wichtig (ja, mitleidig: wo mag sie *den* Kalauer aufgeschnappt haben!). »Sieht Dir wohl zu ordentlich aus? !« fragte ich höhnisch. Sie bohrte vornehm und unzufrieden mit der Schuhspitze, und stellte sich dann, splendid isolation, in einen roten Ring für sich. Noch fiel mir ein: »Ich heirate überhaupt nicht.« und, gewählt: »mein Lebensplan schließt dergleichen (sic!) aus.« : »Meiner schon lange!« erwiderte sie patzig: »passen wir ja wunderbar zusammen!«.

Kerzen? : aus Wachs und Talg, als Docht eine Binse. »Darf ich Dir erklären? – –« und sie gähnte mir übellaunig ihre Einwilligung zu.

Feldmesserinstrumente in der Ecke: Groma; Decempedator; eine Kanalwage für Nivellementsarbeiten; ein mannshoher Holzzirkel (Spannweite genau 1 Doppelschritt) zur Rohmessung der Felder (mit geschickter Hand

120

während des Abschreitens an einer ausgespannten Schnur entlang geschwenkt). »N Abacus kenn ich ja nun *auch!*« (immer noch sanft gereizt).

»Damit wäschst Du Dich? ! : Du Armer!« : Bimsstein; und sie war ehrlich entsetzt. »Nur die Hände; wenn sie mal sehr schmutzig sind −« beruhigte ich, »sonst zum Anspitzen der Schreibrohre. Oder zum Abradieren von gebrauchten Pergamentblättern.« − »Was iss Bimsstein eigentlich?« (tiefsinnig. − »Lavaschaum« : »Ähä«).

»Du kannst singen? − Ich nich!« also drehte sie die Laute aus einer Schildkrötenschale tadelnd in der Hand; dann fiel ihr ein: »... aber als Kind hab ich eine *so* große Badewanne gehabt : !«

»Ja, das Notgepäck muß bei uns immer fertig stehen!« (wegen der Bulgareneinfälle; Grenzerleben. Und sie wurde wieder nachdenklicher.)

»Das sind Deine Bücher?« : sie begann höflich in den Formeln zu blättern: Heros Geodäsie; die 60 Bücher Ethnika des Stephanus von Byzanz (»Das ist, so komplett, ein rares Stück, Du!«); Sergius von Zeugma; natürlich die Megale Syntaxis; ein Computus paschalis; Priscianus', des Lyders, Schrift über die Sinne; zuletzt, zögernd, die geheimnisvoll anonymen Bücher Dionysius' des Areopagiten (aber sie dachte sich gar nichts dabei; trällerte auch während der ganzen Zeit, mich gebührend zu kränken, mißtönig letzte Schlager: ‹Büzantieni − schänä − chtä / kannstuniemals värgä − ssän ...›)

»Das ist ein Bett??« : sie legte übermütig den Kopf um, und zwang mich, es fast ganz auseinander zu nehmen: Gurte; eine magere Decke; der Schafspelz drüber? Mein rauhes Nachtkittelchen wurde ausgelassen bei beiden Ärmeln genommen (in beide Arme; und ich stand finster daneben: s gab immer Neues, sich zu mokieren!). »Das ist Dein ganzer Kleidervorrat? !«. An 2 Haken, ja. Aber die Laena gefiel ihr: wie beim Winterhimation der Einheimischen auf einer Seite dichte Wollzotten; sie schmiegte wohlig seufzend das magere Gesicht hinein (und dachte scheinbar gar nicht mehr daran, von meinem Bett aufzustehen!). −

»Wer wohnt denn hier? ?« (betroffen; denn neben der Tür von Eutokios' Zimmer stand seine Insomnia, Göttin der Schlaflosigkeit : längliches, unglückliches Lächeln; Gesicht mit krankhaft hoher Stirn; ihr Peplon kunterbunt von Zahlen und pervertierten Wortstücken bedruckt; die Hände zupften nervös und knickten verstümmelte Halme; am schludrig geschnürten Schuh lehnte ein rundes Schachbrett mit dreieckigen Feldern, eine Maus rannte im Kreis: »− das sieht ja doll aus! ! − : n alter Mann? ? !« (ehrlich erschüttert).

»Alles voll Dämonen bei Euch, ja?« (grollend). »Nächtliche Gottheiten eben.«
(ich, kühl). Dann, als sie immer noch rebellierte: »Du hast grade Grund,
Dich aufzuregen!« : »Wieso? !«; und erzählte ihr, boshaft ausführlich,
wer Agraule eigentlich gewesen war: im kyprischen Salamis wurden ihr
bis vor kurzem noch regelrechte Menschenopfer dargebracht: der Priester durchbohrte am Altar einen Jüngling mit der Lanze! War ja auch die
wildeste, heftigste Schwester von den Dreien. Sie horchte animiert, und
nickte immer zustimmend; leckte sich die Lippen: Jünglinge: »Das hab
ich noch nich gewußt! – So ungefähr, was? !« : sie machte gleich weiße
knirschende Fangzähne und gelbe Hakenkrallen; die Augen rollten der
Jünglingsfresserin nach allen Seiten aus dem Gesicht, im Haar bebte's: –
»Na? !« (Genau so!).

Eine weiche rötliche Luft draußen: schon wimmelte der Hof von etlichen 20
Sklaven, die ihre Reisigbesen in den Graben hinten tauchten, und Platz
und Wege vorm Fegen mit Wasser besprengten. Von hellem ausgelasse-
nem Gelächter umkreist, wirbelten sie Alles sauber, plapperten sämtliche Sorten Räubersprachen, und wir sahen nach Herrenweis' zu.

»Gotinnen habt Ihr auch dabei? !« : »Ja, 2; ne Alte und ne Junge: ‹skapjan
matjan jach drinkan› « lachte ich unlustig (die Junge hatte mal Annähe-
rungsversuche gemacht); und sie wunderte sich: »Goten gelten im
Augenblick was in Byzanz: werden viel geheiratet! Sind ja auch massenhaft Geiseln und Emigranten da: Witiges, der Exkönig, lebt mit
seiner Frau Mataswintha in ner Villa, bei Regio draußen: aber wie! – Sie
poussiert auch längst mit Germanus, dem Neffen des Kaisers.«

Und lachte schmetternd auf: »Du müßtest den Verein mal aus der Nähe sehen!«
(dann ausgiebig Hofklatsch: wie Belisar von seiner 18 Jahre älteren
Antonina immer noch laufend betrogen wird: »Mit Theodosius, m
Halbmönch: der dann dran gestorben iss«. Listig. Sie gluckste hurtig,
wie wenn Wasser aus ner kleinen Flasche läuft. Ränke des Narses und
der Pfaffen. (Na, der ‹Weiße Zar› ist auch nicht besser : 'n eitler
Bauernjunge, der sich 'n slawischen Fürstenstammbaum erfinden
läßt !)).

Bunte Luftgewebe: ja, das Landleben! »Sieht komisch aus!« (nämlich die Daker
mit ihren langen Hosen; nennen sich ‹Arborigenes = Baumgeborene›).

Catenaten: »Wir haben auch Viele« sagte sie wegwerfend: »unser Ergastulum
iss immer gestrichen voll.« (lüstern): »Was macht Ihr mit den weib-
lichen Verbrechern? Unsere werden in die Salzbergwerke geschickt;
wenn sie da wiederkomm', fressen sie aus der Hand. – Zur Zucht kann
man sie ja nicht gebrauchen; schlechte Eigenschaften vererben sich zu
schnell.« (Kennerin).

Schellenklang: die Herden kamen heim; wir, unter abgeernteten Pfirsich-
bäumen, Aprikosen, Birnen, Äpfeln; die Dämmerung sah uns schlitz-
äugig zu.

»‹Männer› : das heißt bei Dir scheinbar nur: hemmungslose Trinker, Brüller,
unermüdliche Haremsbesucher – – ?« sie nickte mir freundlich zu,
anerkennend, »Ganz recht«, und : »Wozu brauchtet Ihr wohl sonst
soviel von *dem* Zeug? : !«, stichelnd, und kaute verträumt schielend die
Zweigspitze (Juniperus sabina; kriechende Sträucher; rautenförmige
Blätter mit einer Öldrüse auf dem Rücken, und blauschwarzen, über-
hängenden Zapfenbeeren). »Gott, er wächst nu ma hier!« sagte ich,
völlig überrumpelt von dem Angriff: die kann Ein' zur Verzweiflung
treiben! (Übrigens hat Aristoteles den Anbau ausdrücklich empfohlen,
und die Amblosis dazu; zur Verhütung der Folgen allzugroßer Frucht-
barkeit. Wenn Justinian jetzt auch, Novelle 22/16, Verbannung und
Bergwerk drauf gesetzt hat!).

Ihre Hände anemonten langsam im Strauchwerk, Gift zu Gift; Bärenklau und
die Wicke Arakos. Kühler. Es knusperte in der Erde; Mond langte die
krumme Bettlerhand aus fleckigen Lumpen; ihre Schultern schnatterten
einmal vor Frost.

»Hier: Siehst Du!« : da stand er am Graben, in welken Binsen: kein Kreuz in
den Händen, sondern eben die Wildgans (und sie gestand verdrossen ein,
daß es besser, ‹organischer›, aussähe; drückte dabei mißmutig die lange
Nase in ihren Strauß von Totenblumen).

»Also, Agraule!« (ich; empört): »Das *ist* es doch eben! : Eine Religion, die
Kunst und Wissenschaft als ‹Eitelkeiten› verleumdet, *kann* doch gar
keine Kunstleistungen hervorbringen! Nur unsere großen Alten
umschneidern! – Ja, allenfalls internationalen Kitsch, wie Euren wolli-
gen ‹Guten Hirten› drüben!«

Bitte, bittä! : Beweise genug: »Weißt Du nicht, daß das ganze Industriezweige
in Byzanz sind – und auch anderswo: Athen, Rom, Pergamon – wo
serienmäßig in Werkstätten antike Statuen umgearbeitet werden? Seit
Konstantin macht man aus geflügelten Niken prinzipiell Engel; auf die
Theodosiussäule wird der arbeitsscheue Apostel Petrus gepflanzt;
Triumphbögen aus trajanischen Materialien zusammengesetzt. ‹Unver-
wendbares› in Kalköfen verbrannt: das ganze severische Museum! – – –
Hier: das ist ein Standbild der ‹Eirene›« (die jugendliche Frau mit
Füllhorn, Ölzweig, Ährenbukett) : »meißel' ihre Attribute raus, und gib
ihr Euren heiligen Säugling in n Arm: fertig ist die ‹Jungfrau Maria› !« ;
sie zogs abfällig in der Nase hoch; beim Weiterschlendern; murrte auch
was von ‹Zungensünden›.

»*Dichtkunst? : lach ma Du ! !* : hast Du mal den ‹Christos Paschon› des Gregor
von Nazianz gelesen?« (gesehen hatte sie ihn, ja!) : »das Schauspiel ist
von A bis O aus Versen der attischen Tragiker zusammengeflickt: 10
Zeilen Eigenes! – Oder das Kentron der Eudokia vom ‹Leben Christi› :
2343 halbe und ganze Homerverse haben die Philologen darin nachgewiesen! Christentum und Kultur? : das ist wie Wasser und Feuer!«
»*Aber hier, gelt:* das ist Kultura? !« : sie blieb dicht davor stehen und zeigte
hohnvollst: ein Feldgott, wie üblich mit Mennige gestrichen, stand,
einen Schurz voll Früchte, hoch im Grünen; grinsend über seinen
enormen beweglichen Phallus geneigt: »Ja, *das* ist Kultur! !«; und
schwamm, eine Siegerin, hinter der spöttischen Perispomene ihres
Mundes, zielbewußt durch die blühenden Astern davon, aufs nahe Haus
hinter den Bäumen zu.
Dort wartete man schon, gutmütig, in lebhaftem Gespräch: »– ah, da kommt
unser Pärchen! –«. 2 Lampadarii hatte er mitgebracht; wir gaben ihm
noch den dritten dazu; die Lichter fröstelten schon hinter ihren bemalten
Hornscheiben in den Handlaternen; der Anaboleus durfte wieder
zurücktreten: sie waren in Sänften gekommen. –
Meine Ohren: erfuhren Abschiedsschritte die Augen gafften; Hände froren
Marmormuster; Füße standen: wer war ich? Haar lebte, Finger kratzte,
Herz gluckste: alles auf einmal. (Haut stank sicher. Unten. Aus Falten.)
»– *Na ? !* –« : Eutokios mit nacktem Grimassenkopf.
»*Redliche Gemüter ? !*« die Christenpriester): »ja, wenn sie nicht zugleich so
fanatisch wären! Beschränkt sind sie: von zartester Kindheit an werden
ihnen phantastische Hypothesen so systematisch eingetrichtert, daß sie
ihr ‹Gottesbewußtsein› später buchstäblich für eine angeborene Grund-
idee des menschlichen Geistes halten; und sich einfach nicht mehr
vorzustellen vermögen, wie man dergleichen ablehnen könne, ohne
ruchlos oder wahnsinnig zu sein!«
»‹*Mythologie*›, ‹*Glaube*› ? : das sind Arbeitshypothesen! Die hunderttausend
Jahre ausgereicht haben mögen.«
»*Ach, sieh da!* : Justinian hat angeordnet, daß der 25. Dezember von jetzt ab
offiziell als Geburtstag Christi zu gelten hat, und in allen Kirchen
gefeiert werden muß? : siehst Du, wird wieder der alte natalis solis
invicti geschicktest benützt! Methoden sind das! – – Nee; kein’ Zweck
heute, Beobachtungen anzustellen. Iss noch zu wolkig.«
Wind: eine Geschichte (zum Fenster herein. Meine Finger knaupelten an mir
rum; dazu zerrmäulig atmen: mä’lche Beine; haargeschwänzt; kurze
Wippknospen; wippen; im Armknoten: achschluß! – Die Schwimm-
blase des Mondes in Sargassowolken).

Und schon wieder im Osten: häkelte bunte Wolle; grüne Fussel, gelbe Schlingen, rote Fäden, (der Knäuel lag noch unterm Horizont), blaue Schals. »Heut Abend wirds klar: komm dann aufs Observatorium, ja? !« : »Gern, Meister!« (und er lächelte hager und verkniffen erfreut).

In rosigen Schuhen vor einem Heldentor von Hahn: die schräge Hand hielt ihren Chiton zusammen, den der Wind aufzublättern suchte. »Er staubt noch seine Reliquien ab« benachrichtigte sie mich federleicht.

Reliquien: der übliche Span aus dem Kreuz des Erlösers; von der heiligen Hilde, die Ölquellen in den Brüsten gehabt hatte, ein Fläschchen voll; Petri linker oberer Augenzahn; nu, Jeder hat seine Hobbies, mit denen er ‹selig› ist: er breitete, sammlerverklärt, die runden Arme, und detonierte im Gesang (dem Agraule zuchtvoll – und mit einem schlauen Augenklaps zu mir – respondierte: macht bloß Tempo!).

(Und weiter die sublimen Enthüllungen): »In den entferntesten Grenzen der Äußeren Erde (der unbewohnten!) erhebt sich auf allen 4 Seiten eine ungeheure, äußerst hohe Mauer: auf diese gestützt ist der Himmel als ein Gewölbe über beide Erden weggesprengt. Über diesem – neinnein: ein Tonnengewölbe! – hat Gott seinen eigentlichen Sitz. Im Himmel befinden sich die Auserwählten – –« (wen das schon interessiert! Sein astronomisches System will ich hören: Mathematik regiert die Welt, mein lieber Seliger!).

»Also« (und er schaute mich ganz unbeschreiblich dummklug an): »*können* die Gestirne gar nicht senkrecht die Erde umkreisen! !«

Der Berg des Nordens: »Auf der nördlichen Seite der Inneren Erde befindet sich ein ungeheuer hoher – ä 12000 Millien: gleich der Erdlänge – kegelförmiger Berg: um diesen ziehen Mond und Sonne ihre kreisförmigen aber exzentrischen Bahnen« (Pause. Sein dozierender Zeigefinger ragte hell, fett, ringgeschmückt – ich war ganz verwirrt, man muß sich ja erst darein finden; also die Zeichnung näher und die Faust ans Kinn –).

Der Berg des Nordens: »Sein Schatten auf der Inneren Erde ist ergo das, was wir ‹Nacht› nennen; im Sommer steigt sie (die Sonne) höher, der Berg ist oben schmaler: folglich werden die Nächte kürzer, die Abend- und Morgenweiten größer – weil sie hinter der Spitze nicht lange verborgen bleiben kann! Je mehr sich die Winterszeit nähert, desto *tiefer* sinkt sie: der Berg wird breiter, folglich die Nächte länger!« (Beim Mond umgekehrt; der im Winter steigt, während die Sonne flach übern Südwald schleicht).

Der Berg des Nordens: (und ich konnte den Blick nicht von dem monströsen Gebilde wenden: welch ein Einfall! !) : »Bei Sonnenfinsternissen tritt der

Mond, der die Innenbahn hat, vor das Tagesgestirn –« (ein ‹reinstes Licht- und Feuerwesen› nannte er sie; hat Der 'ne Ahnung : vor 6 Jahren hat sie 14 Monate lang nur mit halber Kraft geschienen, so schwarzen Ausschlag hatte sie !) »– bei Eklipsen des Mondes zieht er durch den konischen Schatten des Berges: daher die verschiedene Dauer.« (Beide Bahnen leicht gegeneinander geneigt, so daß ‹Knoten› auftreten? : das wollt ich Euch auch geraten haben!).

»Ja ganz klar! : die Völker am Südrand der Erde, die schattenlos unter der Sonnenbahn leben, sind Ascii; die unsrigen fallen grundsätzlich nördlich: wenn aber im Sommer die Sonne höher steigt, verkürzt sich damit automatisch bei uns die Schattenlänge!«(Sol hibernus und Sol aestivus).

Der Berg des Nordens: »Engel sind es, welche die Gestirne um ihn her leiten! – Ihres Geschäftes nebenbei herzlich überdrüssig, den sündbefleckten Menschen, den undankbaren, unaufhörlich die Tröstungen des Lichts zu bringen: und selbst das selige Dasein am Throne des Ewigen entbehren zu müssen – aber die Pflicht, die Pflicht – –« (er schmatzte bedauernd und ‹webte› eine zeitlang). »Sonne und Mond – beides verhältnismäßig kleine Körper – werden dicht über der Erdoberfläche hingeführt.«

Im Norden und Nordwesten wie gesagt der Aufenthalt der leuchtenden Lufterscheinungen, Meteore und borealischen Auroren, der Wolken und anderer Himmelskörper, alle bis zu 40 Stadien hoch. Haarige und bärtige Sterne als warnende Prognostika, Ruten und Geißeln, Gründe zum Krieganfangen – – ich konnte bald gar nicht so schnell mitschreiben, Jott, was wird sich Eutokios amüsieren! –» . . . und der Mond ist in großer Nähe.« (D. h. winters, auf der Nordseite) : »Die heißesten Länder erzeugen natürlich infolge der Sonnenglut auch die herrlichsten Edelsteine, die buntesten Vögel, die stärksten vierfüßigen Tiere.« (‹Die giftigsten Schlangen, die meisten und schädlichsten Insekten, die gemeinsten Seuchen› hätte er zwanglos auch noch anfügen können; aber auf die Sonne läßt er nichts kommen!)

Der ganze Kasten steht übrigens auf nichts: ». . . denn obgleich die Körper schwer sind und in die Tiefe streben, so will im Gegenteil das Feuer nach der Höhe. Die Erde würde bis ins Unendliche fallen, die ätherischen Teile ins Unendliche steigen: aber *die Mauer* knüpft beide Strebungen unauflöslich; die Kräfte heben einander grade, und Alles bleibt in unverrückter Ordnung.« (in ‹verrückter› Ordnung meint er wohl? Und wurde finster, unheildrohend, seine Augen blähten sich stellvertreterisch) : »Beim Jüngsten Gericht« (eindrucksvolle Pause; ich trommelte ungeduldig mit dem Stylus, ich, Lykophron neben Agraule: Mensch, wer die Bulgaren hat pfeifen hören, zittert auch vor Göttern nicht mehr!) : »wird das Lux Infinitum die Erde *ganz* verzehren –« (Hei, die Betonung!) : »die Hölle stürzt nach unten, in immer düsterrötere Abgründe, ein ewiges Fallen« (s gleich g Halbe t Quadrat; v gleich g mal t) : »der Ewige Himmel konstituiert sich; die Engel, Sterntreiber, ihres Dienstes entlassen –« (Hallellujah, und dann fängt Eure ewige Liedertafel an, ich weiß: aber ohne mich! Mir sind Dikaiarchos und Marinus von Tyrus interessanter!).

Schluß also?? : Nee, erst noch Ptolemaios n bißchen lächerlich machen; über die angebliche Rotundität der Erde spotten: steht ja auch nichts davon in seiner Bibel. Gott erhalte Dir Dein Terrarium! Wir schwenkten die Hände so verbindlich, eiei: ja, die Skrupel für übermorgen, und er lächelte herablassend und siegesgewiß – : »Morgen gehn wir ja Alle zum Jahrmarkt – mnjaaa –«.

Flüstern: »Nee, wart Du lieber hier, Agraule!«

»*Ihr habt Euer Gut wunderbar in Schuß*« lobte Anatolios träumerisch, schnalzte und hatte augenscheinlich gar tiefe Gedanken: »Jaaaa – –«; dann, erwachend: »Ja *sicher* darf Agraule mit!«. Da Gabriel mißbilligend zu blicken anhob: »– auf dem Lande: kann man doch die Etikette etwas lockern!« (noch was von ‹solider Familie› gemurmelt, ‹solider junger Mann› : soll ich wohl sein! Hatte gefragt, ob Agraule heute Nachmittag mit ans Meer kommen dürfte, die Miesmuschelbäume nachsehen).

Sie lungerte schon hungrig unweit der Tür: »?« und: »Priemaa!!« : »Zieh Dir aber feste Schuhe an. – Und-war-mes-Zo-heug!« –

Wolkenschatten: die Sonne entwich nach allen Seiten; sie lamentierte schon jetzt, daß die ollen Schuhe so schwer wären!

»*Und: was macht Deine Katze?*« Da mußte ich doch lachen, und schilderte ihr, wie unser Gesinde darauf reagiert hatte: *Kobolde* gabs jetzt bei uns! ‹Hausgeister› ! :

Man muß ihnen Näpfe mit Milch hinstellen (ein ganzes mythologisches Gebäude war in den paar Tagen entstanden; die junge Gotenmagd hatte mirs schaudernd berichtet). Werden sie – die sich nur selten als ‹kleine grauliche Männer› zeigen – gut behandelt, so bringen sie manches Glück: spinnen des Nachts ganze Spindeln voll (das Schnurren!); helfen den Mägden in Stall und Küche (weil sie beim Melken leckermäulig von Box zu Box mitgehen; oder nach Speiseresten betteln kommen!); tragen Korn auf die Speicher (negativ richtig: weil sie die Mäuse vom Fruchthaufen fern halten!). Bei schlechter Behandlung werden sie tückisch: poltern nächtens, und wecken die Leute durch allerhand Unfug (als ausgesprochene Nachttiere!); schleichen als Stimmen hinter glimmenden Augen herum; drücken als Alp die Mädchen (weil sie gern menschennah im Heu mit schlafen, und sich lautlos auf Bein und Brust legen; bei mir war sie gegen Morgen auch mal kurz gewesen!) : so beobachtet und folgert also ‹das Volk› : wieviel solcher Zeugen wiegt da ein einziger helläugiger Gelehrter auf?! (Katzentürchen muß man ihnen überall einsägen; merken!).

Aber merkwürdige Stimmen haben sie schon, zugegeben: »Haben Deine eigentlich Namen?«. Sie senkte den Kopf; sie druckste eine Weile – – : »‹Mauz & Murmel›« gab sie verschämt an. Also die Eine Mauz; die Andere – –? : »Nein: *Eine* heißt so – die Gefleckte.« (und war erleichtert, als ich lobend und langsam nickte: gar nich ma schlecht, bei den Stimmen! – In einem Gestrüpp von Zwergmandeln; rothaarige Weiden angelten am Bach; die gelbe Fußmatte aus Gräsern).

Auf dem Bauernweg: »Wetten, daß sie *nicht* nach Byzanz fahren?! – : Na, wohin, alter Chronos?!« – der Fahrersklave hob vorsichtig den Kopf, erkannte mich aber scheinbar und zeigte mit der Peitsche: »Es tan polin.«; die Räder greinten und röchelten. »Paß auf: in 100 Jahren heißt sie *nur* noch so!«

Äugte der Himmel aus wütender Tigerpupille (und die ruppigen Wimpern der Wälder. Sogleich ergriff mich Unbehagen ob dieser Metapher, und ich mußte sie mit dem Kopf wegrütteln. : »Direkt noch ma heiß heute.« : »Ja, und ich hab Palla und Kapuze mitnehmen müssen!« flammte sie hoch: »übrigens bekomm ich Ausschlag von Miesmuscheln!« : »Sollst ja heute gar keine essen.«).

Schon fingen einzelne Dünen an: Wolkenalbinos und Agraulefragen; die Flachküste gefiel ihr ungemein: Sümpfe, Lagunen, die endlosen wirren Sandfelder mit den Kanälen dazwischen, die sich manchmal erweiterten, Sinus Iridum, Tümpel, Strandhafer und einsame Vögel.

»Nee: Ebbe und Flut giebts im Pontos auch nicht. Aber von Norden her kommt eine Strömung die Küste herunter, die all den Sand und Schlamm absetzt: daher die Haffbildung.« – »Neinnein: die Schiffahrt hört erst im November auf, wenn die Plejaden untergehen«. (aber etwas mußte sie doch beanstanden; also: »Wenig Betrieb hier!«).

»Ach kuck ma! : Iss n das? !« ; vor dem alten mannshohen Stein, und tippte mitten in das grob eingehauene Triangel. »Das?? : Die Strandrechtsgrenze von Horkys.« Sie hatte dergleichen noch nie gehört: wenn in Sturmnächten hier Schiffe scheitern, eilen die Dorfgemeinschaften zum Strand, und suchen so viel wie möglich zu bergen: damit man sich mit dem Nachbarort nicht ins Gehege kommt, sind diese Steine hier gesetzt worden; so giebts kaum noch ernsthafte Streitigkeiten: ganz wie in der Äthiopika, wie? »Überholt?! : Oh, denk bloß das nich! Im Winter ist hier

allerlei fällig: einmal haben wir selbst 500 der feinsten Rindshäute für
ein Spottgeld aufgekauft! Und die Bewohner heizen das ganze Jahr
durch mit Schiffsplanken – vom Schmuggel ganz abgesehen.« »Aber
sag Deinem Vater ja nichts!« : »P!«.

Auf dem Kamm der höchsten Düne: weit draußen glitzerte unruhig der
Axeinos: »Siehst Du: von *der* Ecke hier hat er eben den alten ungast-
lichen Namen!« : »Wie sieht es eigentlich hier so im Winter aus?!«
fragte sie grüblerisch.

Im Winter? : Dichte Nebelmassen. Fürchterliche Orkane aus Nordost. Unter
Eisdecken erstarrende Flüsse. (»Alles vom Berg des Nordens her«
murmelte sie gelehrt). In der pfadlosen weißen Öde die seltenen Höfe,
kaum am Rauch sichtbar: »Vor 4, 6 Wochen hättest Du mal die
Störche sehen sollen: zu Hunderten! Tagelang! Dazu die vielen Eicheln
dieses Jahr: das wird ein übler Winter, meint auch Eu ...« (verdammter
Husten!) : »Eukrates«. (»N oller erfahrener Knecht –« erläuterte ich
noch hastig; vorsichtshalber. Noch mal eindrucksvoll a-hemm!).

Sie bibberte jetzt schon entsetzt: »Hör bloß auf: wird Ei'm ja kalt vom bloßen
Zuhören! – Und ausgerechnet der einzige Winter, wo wir hier sein
müssen, soll so hart werden?? : Na, einmal und nie wieder!« Heftiger:
»Auch Euer olles düsteres Haus von gestern: diese Insomnia kann
Einem ja im Schlaf einkommen! Brrr. Und Dein Bett: hab dran den-
ken müssen, wie ich abends in meinem lag. – – – Ach, geh weg mit
‹Halkyonische Tage›, bin doch kein Eisvogel!«

Im Fischerdorf: sie kannten mich Alle, lachten und nickten. (Der Sardellen-
fang war schon schlecht, sicher: ab September verschwinden sie ja
grundsätzlich. Atherinen in Körben; Rochen mit entferntem Stachel;
Taucher hatten bei dem ungewöhnlich warmen Wetter noch mal
Schwämme geholt, es stank und halbnacktete).

»Iss n das, Du?!« : sie stieß mich heimlich an; aber der alte Krates, rauh und
bärtig wie nur je ein Triton, hatte s doch gehört und schmunzelte:
»Sehn Se ma her, junge Frau! :« (sie wollte erst, entrüstet ob der
Benennung auf; dann losprusten; dann wurde der Mund spitzbübisch,
und sie hing sich wie beiläufig bei mir ein – natürlich nur ganz Auge
für den greisen Seemann) : er hob einen fußlangen Kalmar an den
schlanken Armen empor, ein leichter Stich mit der Messerspitze – : ! :
wie ein Blitz fuhr ein Farbengewölk von Gelb und Violett über die
helle, fein gefleckte Haut: Malakia! (Schon löste er mit einem Schnitt
den weißglänzenden Rückenschulp aus einem andern, entfernte, das
Tier wie einen Beutel einfach umkrempelnd, Eingeweide und Tinten-
beutel, und griff zum nächsten). (»Daß die homerische Skylla ein

Riesenkrake war, weißt Du, ja?!« Sie schüttelte sich immer noch; erst nach einer Pause verblüfft: »Ja gewiß.«).

Mit dem Dreizack? : stechen sie Polypen und Seegurken, Alles Mögliche. Aber sie wollte auch nicht dahinten bleiben, und erzählte, wie sie mal im Bosporus den Thunfisch Palamydes hätte fangen sehen: »in *solchen* Netzgebäuden!«

»*Die Delphine* jagen gemeinschaftlich in Trupps mit den Fischern; umstellen halbkreisförmig die Flußmündungen, und treiben die Meeräschen den Menschen zu. Erhalten auch dafür einen Teil der Beute, *und* kommen zurück und fordern mehr, wenns zu wenig war!«

Aber jetzt war sogar ich fertig: »Was habt Ihr denn hier gefangen?!« ; sie standen mißmutig drum herum, und betrachteten ihn –

Am 3. Oktober 541 also strandete an der Küste nahe bei Salmydessos ein Fisch von 15 Fuß Länge, den bis dahin noch keiner der dortigen Fischer gesehen hatte: schmal wie ein Band, 2 Spannen hoch, 3 Finger breit, etwa 50 Pfund Gewicht. Totweiß der Fransenleib (mit fäulnisgelbem Flossensaum; einzelne schwarze Schrägbanden); eine dürre Knochen-krone auf dem Haupte (das sich auf eine hohe Flossengabel stützte; das zahnlose Maul senkrecht gespalten: sie schüttelten bedenklicher: der bleiche Riemen gefiel ihnen gar nicht! »Also ein Riemenfisch!« schlug ich resolut vor – erst mal n Namen geben, dann ists schon so gut wie bekannt! und: »Den müssen wir untersuchen: schickt ihn morgen zu uns rüber: kriegts bezahlt!« Sie rhabarberten erleichtert, daß sie das Vieh los waren. »Igittigitt!« = die ‹junge Frau›!).

Oben die blaue Himmelsqualle mit grauem wallendem Saum (und uns hatte sie unter sich gefangen! Riemenfische der Wolken).

»*Müssen wir denn unbedingt* rein?!« : sie stampfte ungnädig und zeterte halblaute Einwendungen; aber s war nu mal unser Pächter, wenns auch noch so sehr nach Zwiebelkuchen roch! (Schwarze Bohnen auf der Schwelle; wohl für Lemurenarten.).

»*Son Krach!!*« (zischend ärgerlich; denn man wehklagte drinnen und heulte ‹ai, ai› und ‹eleuleu› : war der Stammhalter also doch schon da): »Na, Gelon?!« und er, ganz freier Mann (hatten nur ein Strandstück in Pacht) : »N Junge!«. (Flüchtig Agraule erklären, daß man hierzulande das Neu-geborene beklagt; und den Toten, der die ganze Schinderei hinter sich hat, lachend entläßt).

Am Bett der Wöchnerin: mein großer Klapperstein, schon vor Wochen geschenkt, lag vorsorglich auf dem Ehrenplatz. Der Säugling wurde gerade in einem Kessel gewaschen: davon bekommt er eine helle Stimme! Der Vater hob ihn eigenhändig heraus, und überwachte

drohend das Einwindeln: »– wollt Ihr wohl aufpassen!....« (daß er nämlich nicht auf die linke Seite gelegt wird: davon wird er sonst linkshändig! –
Ich steckte ihm den mitgebrachten goldenen Doppelsolidus ins Fäustchen: »Der erste von ner Million!«, und die Eltern grinsten vergnügt;
indes Agraule flehend die Schüssel mit dem Seehasen abwehrte: 1 Pfund
schwer lag die höckrige Riesenschnecke im Essig. »Das Enthaarungs-
mittel auf Deinem Toilettentisch ist die farbige Ausscheidung von ihr!«;
aber sie mochte es trotzdem nicht).

Also: »Meibomeinos foskomeiton! – Gelon: wir treffen uns morgen Mittag
im Wachtturm: Waffenkontrolle! Aber nur ganz kurz, ob Alles da ist – in
ner Stunde bist Du wieder zuhause!«. (Der Weißkohl im Garten hatte
zwar schwarze Trauerflecken; aber er trat den einen Kopf überlegen
um!).

Die geflickte Alte segelte ihr Wrack darauf zu, spreizte Rahenarme, und
scheiterte an einem Sonnenfleck: »Komm ssu Oma!«; die verräucherte
Lade ihres Mundes; schnappend schloß der eine Zahn: ab! (Wäsche
hinterm Haus: Togen machten Riesenwellen; Ärmel gestikulierten; man
blähte geile Bäuche; Unterhosen traten sich in die Hintern, fußballerten
und knufften; Hemden deklamierten und machten zum Abschluß einen
effektvollen Kopfsprung; Schürzen drallten, büsteten; usw.).

»Nu laß sie doch getrost Glaukos Pontios und die Alexikakoi verehren: ist doch
bei Euch genau so!«

Wieso?! : *Bitte sehr:* »Sind Eure Heiligen und Engel nich ebenso Minister mit
eigenen Ressorts? : wir beobachten eben die Regierungsbildung! Einer
allein (Gott, oder wie Ihr das Dings nennt) kann halt doch nicht überall
zugleich sein: deswegen verwalten seine höheren Beamten Feuer und
Zahnschmerzen, Mondschein und Artillerie. Welche Unverfrorenheit
der Christianer, frech und gottesfürchtig, von ihrer krausen und knolli-
gen Mythologie zu behaupten, sie sei etwas ganz Neues, oder Anderes,
als die der alten Völker! : anstatt des antiken Namenskrimskrams
kriegen die Leute lediglich einen gräkosemitischen eingepaukt! : Siehst
Du einen anderen als phonetischen Unterschied, ob ich bei Bauchweh
Sankt Erasmus anrufe oder Hera?! Ich nich!!« und wir marschierten, uns
empört anschweigend, durch die Stockfischgerüste, zu den Sandbänken
hinunter. »Im Herbst fängt er Nachteulen!« erklärte ich, grollender
Gastgeber, den Vogelsteller im Röhricht; und sie, als stieße sie schwere
Beleidigungen aus: »Ach nee!«.

Wir liefen unsere Tierfährten über die Sande: kleine glockenhelle Töne quakten
noch um einen Teich; (»Molche!«); es wurde stiller und schmieriger;
gelb und grün.

131

Kähne von uralter Form: flacher Boden, steile Seitenwände; mit spatenför-
migen Rudern. Dazu ein völlig richtungsloser Wind, aus jedem Kanal
ein anderer: »Müssen im Augenblick gar keine Wolken aufzutreiben
sein.« –

»*Also nun sei kein Hasenfuß,* Mädchen!« : denn sie weigerte sich fast, in ‹son
Ding› rein zu steigen: »Und wenn nu Porphyrio ankommt ? Oder
wenns umkippt?!« : »Ich denk, Du *kannst* schwimmen?!« : »Gewiß«,
erwiderte sie mit Würde: »aber *so* reinfallen tu ich trotzdem ungern«
(lauernd) : »würdest Du mich rausholen? –« (und schulterkokett). »Aus
dem Dorf hier faßte Dich Keiner an!« wich ich geschickt einer binden-
den Erklärung aus: »sie glauben nämlich, daß es Unglück bringe, einen
Ertrinkenden zu retten – – –« :

»*Hier: ich blut' schon!*« (wehleidig, und zeigte mit tiefem Vorwurf den
lädierten Zeigefinger: ! : »Soll ich pusten?«: »Rohling!«; sah sich aber
doch neugierig um, räkelte schon die Füße; faßte beide Seiten an, und
lehnte sich an die Decke, die ich ihr faltete; beim damenhaften Hinten-
überlegen fiel ihr ein: »Kannstu Brücke machen?«).

Ihre langsamen Finger schlugen weiße Wirbel; tiefer rutschen; wir glitten und
lavierten; sie hing die Troddeln ihrer Hände ins Wasser.

(A propos: Hände!) : »Siehst Du die Muschel dort?!« : »Wo? –« (sie hatte s für
n großen Stein gehalten) : »Aus dem Byssus kann man allerlei Web-
arbeiten machen: willstu n Paar Meerhandschuhe? Als Andenken? – An
mich?« (Gott, man muß ja wohl mal galant sein!). Sie überlegte künstlich und lange. – »In der Muschel lebt ein kleiner Krebs, der Pinnophy-
lax, der sie bei Gefahr kneift; damit sie sofort zumacht. – – Nein: erst
müssen wir n paar Bäume kontrollieren!«

Der Wind wurde langsam stärker; bei jeder Biegung fauchte er uns entgegen:
» – Ach, sei nich so empfindlich, Agraule! Du müßtest mal einen
richtigen Nordoster erleben: so einen, der Dir die Ohren abbläst« (schon
hielt sie sie empört fest) »und Dir die Nase auf die Backe umlegt:
3 Mann müssen Dir das Haar auf dem Kopf festhalten: Dir sogar 4!« :
»Oh, Du Schwindler, Du!«.

»*Machs'n jetzt?*«; denn ich hatte den kleinen Diopter zur Hand genommen,
visierte und brummelte – 1 Stadium weiter nach links also; etwa – : »Ich
peil die ungefähre Richtung, damit ich weiß, wo die Dinger in dem
großen Becken zu finden sind –«

Aha hier! : ich nahm die Stange und trieb sie mit dem Holzhammer in den
Grund (daß wir dran festmachen konnten!). In dem ruhigen Wasser –
noch lagen 5 Reihen Sandbänke als Wellenbrecher zwischen uns und
dem offenen Meer – sah man sie genau,

die Miesmuschelbäume: Ellern, von ihren dünnsten Zweigen befreit, ange-
spitzt, unten groß die Jahreszahl eingeschnitten, waren mit Gabel und
Tau ins Seegrasniveau gesetzt worden. »‹Gezogen› werden sie erst im
Winter, direkt vom Eis aus; dann schmecken die Muscheln am besten,
und sind auch völlig ungefährlich: dann könntest Du sie *auch* essen: sie
sind nämlich nur zu Zeiten giftig! – – Na: wieviel sind dran?!« – – Sie
schob die Unterlippe weit, weit vor, und bestaunte den über und über
schwarzbucklig verkrusteten Stamm: »– Na – : Tausend??« : »Sag
getrost: 30000! Alte! und doppelt so viel ganz winzige Junge – wird ne
gute Ernte diesmal: in Manchen sind Perlen drin!« ich ließ den Baum,
und jetzt perlten die Fragen, langsam wieder in die Untiefe (»Ach, wir
kippen nich um!!«) – so – : »Rund 500 haben wir; ergibt mehrere
Wagenladungen voll: nach ‹Estanpolin›«.

In Kanälen (fast still standen wir) : dunkelroter Tang, giftgrüner Seelattich,
hellere Ulvenblätter. Borstenwürmer aus Gängen und Röhren; rosen-
farbene Fischeier in Säckchen; lederne wulstige Totenhände lagerten auf
dem Sand; überall strudelten Wimpern, schlugen Geißeln, Fleischfäden
sollten in Stachelmäuler ködern (und sie wurde ganz aufgeregt von so
viel Violettheiten).

Übereinander: ein Stoß Glasschüsseln mit gelapptem Rand; die obersten voll
mit duftigen Herbstblättern und zarten gekrausten Bändern, gefältelte
Armgardinen wehten: »Jungquallen«. »Das Horn der Badeschwämme
essen, ist das beste Mittel gegen Kropf.«

Überhaupt die Schwämme: ich holte ihr die gelben fingerlangen Säulchen
heraus: alle berührten Stellen liefen in der freien Luft sogleich grün an:
»Nee, wart ma!« : langsam machte es die ganze Kolonie nach! (Unter-
dessen waren die angefaßten Flecken schon kräftig blau – und auch hier
folgte der Rest. – Wieder reinwerfen).

Eine Schnecke zog im Schatten von Wasserpflanzen dahin, zwangsweise,
immer auf dem Abbild ihrer Ranke entlang: »Sie vermögen sich
stundenlang, bis die Nacht einbricht, nicht von der vorgezeichneten
Bahn los zu machen!« (Willenlos; ein Spielwerk äußerer Einflüsse;
gnothi seauton; ohne ‹Zweck›; sie zwirbelte mißmutig ihre Zehen).

Eine große glasige Narbe auf dem Knie: »Da bin ich als Kind ma hingefallen«
(vorwurfsvoll) *das* hat vielleicht geblutet!« und nickte der Stelle zu. –
»Nö: Sonnenbrand krieg ich nie: bin zu brünett.«

Seeigel: auf so was darf man möglichst nie treten: »die Stacheln sind spröde
wie Glas; haben dazu noch Widerhaken, und man muß die Wunde ganz
tief ausschneiden!« (Ja, und Korallen nesseln; wenn auch schwach).

Auch Brassen haben Giftstacheln: im Herbst kommen sie zum Laichen an die

Küste: »Eine ganz besondere Zuneigung haben sie zu den Ziegen; kommen, wenn sie diese meckern oder die Hirten singen hören, truppweise herbei, springen lustig an den Strand, schmeicheln und lecken das Vieh, und jammern, wenn ihre Spielgefährten zu Stalle getrieben werden: deshalb hüllen sich die Hirten in Ziegenfelle, und machen am Ufer allerhand Sätze, um die Betörten zu fangen.«

Sie räkelte die dünnen Armzeiger in die hellblonden Wolken. Gähnte: »Hastu ma Muränen gegessen?« (tat leckrig; gab aber zu, daß es im allgemeinen so berühmt nicht schmecke). Nixentäschchen und Seemäuse in Geranke verflochten: im Innern konnte man schon die Fischgestaltchen erkennen, und wie sie sich bewegten. (»Ach!« betroffen; dann, unsicher: »Süß.«; dann Fragen: a): werden die groß?, b): kann man sie essen?. – Sehr weißes trockenes Fleisch; aber n Genuß ists auch nicht). Aus Seegurken guckten 3 spitze Fischköpfe: einer glitt, gallertisch hinfällig, heraus, herum, wieder hinein. Seepferdchen standen senkrecht vor ihrer Wasserpflanze: »Das gilt als Arznei gegen den Biß toller Hunde. – 'türlich Quatsch! – In einem großen Wels hat man die rechte Hand einer Frau mit 2 goldenen Ringen gefunden!«

»*Ganz leise, Du!*« – wir erstarrten im Kahn (jetzt kannst *Du* Gabriel mal was von Wunderfischen berichten!) : ich nahm ihren Kopf am Haar, und bog sie rückwärts (»Aua!« : »Ruhichdoch!«), bis eins ihrer Ohren auf dem Wasser lag – – :

ganz deutlich eine leise Musik!! : Bald höher, bald tiefer, bald fern, bald nah: schalmeiende Töne; auch glockig und gesanghaft; man unterschied leicht verschiedene zusammenklingende Stimmen. Manchmal waren sie so laut, daß man meinen konnte, der Kahn erzittere; verstärkten sich überhaupt allmählich, und verbreiteten sich endlich über den ganzen Boden und die Seiten des Fahrzeuges. (»Am besten, man taucht den Kopf rückwärts bis über die Ohren ein – ich halt' Dich –« ; und in die Augen sehen kann man sich auch noch dabei: Umberfische). – – »Wunderbar genug –« sagte sie zögernd: »wie Fröschequaken würd ich sagen. Oder Harfentöne –«; und ergriffen: »Schööön!!«.

Oder hier: ein riesiger Zitterrochen, so groß wie sie, lag lauernd im Schlick (»Komm bloß weiter!« haspelte sie erst ängstlich.) »Das ist das seltsamste Tier, was es gibt – : was *ich kenne*« fügte ich, Wille zur Korrektheit, anständig erzogen, hinzu: »wenn Du ihn nur anfaßt, fängt das betreffende Glied sofort an zu zittern, schläft mit einem scharfen Ruck ein, wird kalt und unempfindlich. Sogar, wenn man ihn nur mit einer langen Rute von weitem berührt. Oder im Netz hat. Aber wiederum nur, solange sie lebendig sind: wenn man mit der Angelschnur an sie kommt, fällt Einem die erstarrende Hand am Leibe herunter –« Sie sprang ekstatisch auf: »Das lügst Du! – Oder« (das kam ihr noch wahrscheinlicher vor): »nur, weil Ihr ihm nicht die Kraft des Gebets entgegensetzt: dem widersteht nichts!«, sank auch sofort, Herausforderung und Triumph, auf ein Knie, ganz Konzentration und Pater hemon: »Das überwindet jeden Zauber!«. Schon reichte ich ihr zuvorkommend die Stange, zum ‹Beweis der Kraft›: sie tippttttttt . . . . .

Na, ich rieb ihr das Ärmchen, lange und mit Genuß; und sie war bis in ihre Grundfesten erschüttert: so groß also ist die Macht des Satans! (Oder so schwach der Christenzauber: wie wär das?!). Lachte dann aber doch: »Das müßte dem Alten ma passieren!« : »Und wenn er ein Dutzend Kreuze um hat, seine ganze Knochensammlung mit, und sich von oben bis unten mit Weihwasser einreibt – – : sogar kräftige Männer können wie gelähmt werden, und beim Baden ertrinken: nicht nur der alte Scheich!«

Seenelken (»Wie findest Du Dich bloß hier zurecht?!« wunderte sie; und ich erklärte ihr, daß ich jeden Frühling, sobald die Winterstürme vorüber seien, das Gelände neu aufnähme; schon zur Übung. Aber die Seenelken) :

Aus einer quoll weißer Rauch: eine zweite folgte; und schließlich stießen alle männlichen Exemplare solche Wolken von Sperma aus, daß die Mulde milchig getrübt wurde – – ich erklärte es vorsichtig, und sie hörte fachmännisch zu: Sperma muß sein! (Auch wie der Tintenfisch einen Arm abstößt, der zum Wurm Hektokotylos wird, sich dem Weibchen nähert und es befruchtet – ihr schien nicht wohl, nicht wehe).

Die Hütte: wir sprangen nur kurz auf den Sand, und ich zeigte ihr das Schüppchen: »Zum Übernachten während der Wildgansjagd. – Oder überhaupt.« (schamhaft, ungeduldig; sie besah mich aufmerksam; auch die einfachen Geräte, das Schilfdach, wieder mich: Freiheit, gewiß!).

Der Abend heuchelte ein Dutzend reine Farben zusammen; Laub schnitzelte Schwarzwolken: »Agrau – leeeee!« : »Lüüüü – kophron –« antwortete mein Echo (im Gespensterwald: die Düne war einmal 100 Jahre drüber gewandert; wir rankten uns durch die Totenglieder, mit weiten Augen, an Handketten, Sand in den Zehen, hinkauern und groß ankucken. In Baumnetzen).

Hindurch gebrochen: ganz drüben, weit in den Nebelbergen, 2 Lichter: sie fröstelte beherrscht und ersann Jene.

»Nö: mein Vater hat in Athen studiert!« : »Also n unzuverlässiger Ketzer« faßte sie kalt zusammen. (Ein Engel warf sofort 1 Stern nach einem Dämon !).

»‹*Die Gedanken sind frei*›? : Das kriegte man nich raus?? – : Die würden Euch
einfach Achaimenidon eingeben!!« (Dann die Beschreibung: ein bern-
steinfarbiges blätterloses Zauberkraut Indiens, dessen Wurzel, zu Kügel-
chen geformt und bei Tage eingegeben, Verbrecher nachts durch Qualen
und Göttergesichte zu unumwundenem Geständnis zwingt – – sie sah
besorgt und mitleidig herüber).

Karneval der Nacht: die wächserne Nase des Mondes zwischen papiernen
Wolkenschlangen. Konfetti der Sterne drehte sich steif vorbei: »Na,
wars schön?« (Beim Abliefern am Tor. »Nuuuu –« sie seufzte wichtig;
plötzlich, erleuchtet: »Nu, man gewöhnt sich dran!«. Ja, gute Nacht. –
Halt: »Schön' Gruß an Mauz & Murmel!« : »Und Du an Fräulein Elpis – :
Hol mich ja morgen ab! : Tschüs!«).

Heimweg: ‹*Nacht ist wie ein stilles Meer*›?? – also los: Glitzernder Sternenlaich.
Wind schlug Wellen. Das hornige Haifischei des Mondes, überall auf-
gehängt in schwarzkorallen Bäumen. Wolkenquappen, geschwänzte.
Ein fleckiger Roche glitt eben davon, drehte schleimige Flossensäume,
machte flach, und legte sich am Horizont auf die Lauer. (Dann die
Treppe rauf zu Eutokios).

Er hatte Tharops (unsern alten Knecht, der Venus als Sichel sehen konnte!) im
Verhör, und ließ ihn wieder mal die Mondflecken zeichnen. Als er
hinuntergepoltert war: »Na, stimmts wieder?« (Stimmte).

Bios brachys, techne makra: so maaß ich wieder einmal, heute ungeduldig, den
Monddurchmesser, indem ich ihn einen senkrecht ausgespannten Faden
durchwandern ließ, und mit der Sanduhr verglich: 98 Teile; also in
unserer Nähe (zwischen 100 und etwa 87 konnte er schwanken. Eutokios hatte die Methode seinerzeit bei *seinem* Lehrer, dem Mechaniker
Isidoros, kennengelernt; wir maaßen und plauderten).

»*Wer die Wahrheit liebt,* muß Gott hassen – beruht natürlich auf Gegenseitig-
keit. / Für solche Herren sind ganz andere Sächelchen maaßgebend:
etwa, was der ‹scharfsinnige› Augustinus, der ‹große› Kosmas, oder gar
‹Jesus selbst› gesagt hat – von Ptolemaios wissen sie so viel, als hätte er
100 Jahre nach ihnen gelebt! / Wenn ich nur die Mathematik auf meiner
Seite habe, lasse ich dem Gegner gern Kirche, Patres und beide Testa-
mente! Ja: auch sämtliche Apokryphen und Antilegomena, einschließlich Nikodemus und dem Hirten des Hermas! / Durch das Gebet wird
nicht Gott beeinflußt, sondern der Betende: Jeder giebt sich die Spritze,
die er braucht. / Wenn s besser werden wird?! : Wenn alle Menschen bis
20 in die Schule müssen, und der Religionsunterricht wegfällt! / – Es
giebt nichts schärfer Erregendes für meine Phantasie, als Zahlen, Daten,
Namensverzeichnisse, Statistiken, Ortsregister, Karten.«

Eine gläserne Trommel (oben; und die Wespen der Sterne schwirrten) : Busch-
skelette mochten unten scheuen; Bäume rieben sich ratlos die Knochen
(also ‹ein Windstoß› und Mastwolken rutschten hinterleibig wieder ein
Stück weiter).

»Mein lieber Junge –« er stockte und wiegte die breite Stirn: »das ist das
Fundament des Lebens: Landschaft, Intellekt; Eros! – Im Alter rechne
noch, getrost und müde, gutes Essen hinzu: was bei Dir körperliche
Bewegung ist. – Laß Dir das nie verleumden!«

(Und gleich wieder, schamhaft, die Wissenschaften) : lachten wir eine Weile über
das System des Kosmas, und stellten die schlagendsten Gegengründe für
übermorgen zusammen. Dann : / Meteore: sind vielleicht Produkte der
Mondvulkane! / »Ach, Lyko: was meinst Du, was ich schon an Kosmo-
gonien überlebt habe! – Einmal sollte die eine Seite der Sonne blau und
schillernd sein und nur ganz schwach leuchten! Einmal hieß es: die
beiden Hälften der Erdkugel paßten nicht ganz genau aufeinander,
weshalb sich am Äquator ein Rundumwasserfall von 100 Fuß Höhe
bilde, den kein Schiff passieren könne! – Einmal kannte ich Einen« (und
wurde doch finsterer: Eklipsis des Gedankens durch die Phantasie; *ist*
eine Gefahr!) : »Der wollte behaupten, daß wir in einer *Hohlwelt* lebten.
Von 75000 Stadien Durchmesser: *einer Blase im massiven steinernen
Weltall,* in der Sonne und Gestirne umliefen: stell Dir das vor!!« (Stell ich
mir vor; leider).

Vorm Einschlafen: Eutokios: der Mann muß eine Seele haben wie eine Mond-
landschaft! –

Meine Gedanken agraulten noch ein bißchen. –

Aber im massiven Weltall irren: stöhnende Unendlichkeit; Steintunnel saug-
ten mich entlang; tasten und sichern; erst allmählich tappten Schritte
fester.

Eine armdicke Silberflamme: brusthoch; ragte unbeweglich mitten im Gang.
Davorstehen. Stammelte mit hoher pfeifender Stimme; bei Schnalz-
lauten öffnete sich oben ein Stummelkranz. Brusthoch. (Danach wurden
die Wände feucht und nackt. Wasser scharrte. – Umdrehen: wie aus
einem Walmaul sah ich die Flamme; durch hastige Silberbarten wisperte
sie noch immer!).

Ein kopfgroßer Goldklumpen lag als Schemel an der Wegegabel: also setzen. –
(So weich war die Masse, daß ich-man die Messerspitze einschlagen
konnte. Schnitzte aber nichts hinein. Keinen Namen auf ‹A›. Ich
nicht).

Aus einer Spalte zur Rechten hing farbloser Nebel: ich drängte den zarten
Schatten vorsichtig mit der Hand beiseite: innen war das Gewölk weiß

gefüttert und dichter. (Gedanken schwammen im Nebel. Gedanken-
schwämme. Im Nebel. Müde um Felssimse stützen. Unter Felssimsen
schlafen. Träumenaufstehnlaufenviel).

Wenn man ganz still hielt (den Mund etwas offen, die Brauen leicht drücken:
so –) – – hörte man fern, aus Raumtiefen, das dumpfe Sausen. Sprudeln.
Rauschen. Brausen. Rollen. Donnern: schon 1000 Fuß davor warfen
mich die Böen hin und her!

Aber ganz vorsichtig: ich schob mich fingerzäh an das zackige Steinmaul, aus
dem die Sturmstöße prellten, und sah dicht unter mir die Strom-
schnellen dahin jagen; sie glitzerten wie Bündel abgeschossener Pfeile.
Brüllend. Ein Fauch blies mich weg, rollte mich in Tüchern hin und her
(und ich kroch entsetzt räsonnierend, auf allen Vieren weiter, durch
Schallschläuche, bis das Johlen wieder verklang).

Das Licht nahm eigentümlich ab: Füße, unten, meine, mahlten schwarzen Sand,
lange; auch kohligen Staub; lange. Erst nach vielen Tagen beschrieb ein
metallischgrüner Faden seine Hexenschlingen in der Wand. : Zunicken.
Weitergehen.

An der Wand begannen die Abdrücke von Bäumen: kriegerisch gespreizte
Glieder; Keuliges duellierte; Krummsäbel verzweigten sich; Fasern
spleißten; manchmal über die ganze Decke weg. Fächer träumten
Ocker; Büsche machten Männchen. Aus Grasguillochen.

Schatten von Vögeln waren in der fossilen Luft erstarrt. Selten höhlenbärten
Tierglieder. Hinter Laubportieren. Haariges sohlengängerte; Schuppen-
kegel; ein Mund krallte. In Fischabfälle.

Erst der Grundriß eines Menschen = 2 Fußabdrücke. Dann lief der Galeriewald
lange leer, aber unermüdlich. Auf Haiden machten Steine Popos. Braune
Eisblumen eozooten. Kauft gehörnte Ammoniten.

Aus Ranken und Kapseln: so trat das Herbarienmädchen zur Wahl; nur mit
einer dünnen Hüftkordel. Ich-man. Im verschobenen Gesicht, wedel-
umwickelten, der Schriftzug eines Nasenmundes. Der Bauch mit ver-
steinerten Küssen gemustert: ich bückte mich, und fügte sorgfältig eine
neue Tätowierung hinzu, rostig schmeckte der Raseneisenstein (auch
nach Tinte; bis sie zufrieden hinter ihren Vorhang blich).

Giftgrün und 1000 Schritt im Durchmesser: eine Taschenwelt! – Felsblöcke (mit
zahllosen rauhen Grübchen übertropft; also manchmal Höhlenregen!);
ein paar Hundert Bäume, hagere rohe Wesen (mit handlangen Beuteln
statt der Blätter, elastisch zu drückenden, anscheinend mit ganz weicher
Flüssigkeit gefüllt. Er blieb mir in der Hand, und ich legte n in die
Nephritschale).

Aber das lauernde Licht kam schräg von oben. Also hinklettern! –

138

Neben dem Scheinwerfer: kaltes Leuchten aus irgendeiner großen Edelscheibe; Mineralmineral. Wenn ich mich davor aufbaute, noch breiter den Mantel, war da unten Sonnenfinsternis! Kopfschütteln. Runterhangeln. Hinein in den neuen Gang. (Zúerst kamen noch ein paar schwarzgrüne Finger hinterher geströmt).

Der neue Gang war durchaus ungleichen Querschnitts. Keuchend. Durch Felsdärme zwängend. Röchelpresse. Zwischen Steinwurzeln. – –

1000 später erschien die Laterne im Gang. Ich drückte mich in einen Basaltnabel und polypte Augen übern Rand: völlig verwirrt schien der Alte (ich noch nicht!!) : plapperte und sang. Vor seinem Handwägelchen, beladen mit Gegenständen, von weither, Neundorf-Gräflich, schwatzte das Faltenmaul und lillte (war wohl sehr unterwegs! – ich ließ ihn lange genug vorbei, und kroch dann, straff, weiter: ich noch nicht!!).

(Dann noch die ‹Stadt der Vergnügten›; aber das ist ein Buch für sich). – –

Keuchend hoch: der Mond schwamm, schon halb aufgelöst, in gelben Lichtbrühen. Ein Trupp besoffener Nachtwinde randalierte drüben im Obstgarten, hieb sich mit Zweigen und pfiff zuhältrig: hoffentlich bleibts schön morgen! (Umdrehen: lag schon ein langes Mensch aus Mondschein bei mir auf der Decke!).

Vor ihrem Tore: wir hingen unsere Brotbeutel schräger (mit Käse und Trauben drin), die lederne Feldflasche an die Seite, nahmen Knotenstöcke in die Hände, und betrachteten uns wohlgefällig. (Die Alten wollten sich später hinterher tragen lassen. – Eine Katze erschien vorsichtig; sie wischte sich das Gesicht mit der tauigen Erde, rieb den Kopf schnurrend im Gras: »Giebt ander Wetter!«).

Ein Himmel aus wirren weißen Wolkenstrahlen: Nein, Ölbäume gediehen hier nicht mehr, und Aquädukte gebrauchten wir nicht! »Ja, den Hadrianischen hab ich ma gesehen: mein ä – Urgroßvater hatte ne Zeit lang die technische Oberaufsicht«. Mühlen an Bächen: genau wie im reißenden Bosporos, jawohl!

Auf dem Mäuerchen eines alten Puteals sitzend; während ich dozierte, schlenkerte sie vergnügt mit 2 dünnen Beinen: »Also daß es n Brunnen *nich* iss, sondern n Steinkreis einfach auf die Erde gesetzt, seh ich ja auch noch!«

Also: »Wenn früher der Wetterstrahl irgendwo in ein Feld geschlagen hatte, wurde der Bidentalis gerufen – n Spezialist; n Priester – der las das vom Blitz aufgeworfene Erdreich auf, und vergrub es unter religiösem Gemurmel an der gleichen Stelle in den Boden. War ein Mensch dabei mit erschlagen worden, durfte man ihn nicht höher als kniehoch aufheben, oder sonstwo bestatten: er wurde, als zu den ignis gehörig, mit an der Stelle vergraben. Dann wurde geopfert – eben ein Bidens: woher der Name ja kommt – und der Platz mit einer Mauer umgeben: aber ein Dach durfte er nicht erhalten! Er galt dann als unbetretbar, nec intueri nec calcari, und wer ihn zerstört, den bestrafen die Götter –« (sie machte Zelotenaugen und spielte sichtlich mit dem Theatergedanken: denk an den Zitterrochen!) : »Vom Blitz getroffener Wein macht wahnsinnig. – Nee; hier liegt Keiner drin« tröstete ich: »An Quellen bestatten wir unsere Toten gern: damit die dort Erquickung Findenden den Namen lesen, und so die Erinnerung erhalten wird.«

»Siehst Du! : das hatte früher auch kein Mädchen gewagt: die Schwarzfeige ist ein ausgesprochener arbor infelix!«; aber sie brach doch einen unglückbringenden Zweig, bog das Reis, und setzte es sich mit fester Hand ins Haar: »Glaubstu solchen Unfug tatsächlich?« : »Natürlich nicht! : Aber ich an gar keinen, während Du ...«

Ein alter Bauer mit Fuchspelzmütze, ganz langlebiger Thrakier, zeigte uns seine getötete Schlange: aus der aufgeschnittenen kroch eben eine Kröte hervor: *die Hinterbeine bereits vollständig verdaut!!!* »‹Und siehe, es war Alles gut› : oh der Lumpderlump!!!«

»Agraule!« ich nahm sie hart bei beiden Schultern: »ist denn das ein *Lieber* Gott?! – – In der Hinsicht waren die Alten klüger als Ihr!« : »Was Ihr hier aber auch für Saumoden habt!« grollte sie, und machte sich rechts los, der Mund glitt ihr wütend im Gesicht herum, sie hätte beinah brechen müssen; und da lachte ich doch auf: »Iss das n Ausdruck für ne Ministerstochter?« : »Iss ja auch keine Umgebung für ne Ministerstochter!«

Eine Eidechse: einst hätte man sich bei Demeter eingeschmeichelt, wenn man sie tötete.

Eine Säule: ‹76 Millien› (nämlich vom Milliareum aureum, dem geodätischen Zentralpunkt in Byzanz, aus: der Landmesser reinigt die Welt; von Wirrnissen, von Unübersichten, von Nurmythologischem. Aber jetzt war ihr Stichwort gefallen) :

Das goldene Byzanz (‹goldig› sagte sie sogar) : Über 1 Million Einwohner hatte's / Im Hafen kommt die spanische Silberflotte an. / Die Hagia Sophia war ein halbes Stadium lang, breit und hoch; auf dem großen Platz davor das Reiterstandbild Justinians.! / A propos: Reiter: das Hippodrom!!! – – :

Das Hippodrom: Sport regiert die Welt, und nicht erst seit dem Aufstand der Nika. Die 4 Parteien: Albati, Russati, Prasini, Veneti (angeblich entsprechend den Jahreszeiten: Winter, Sommer, Frühling, und blauschattigem Herbst: » ...und die machen Krach!!« Glaub ich ohne weiteres: »Ich geh grundsätzlich nich zu so was!« : »Bist schön dumm!«). / Schon um Mitternacht eilt man zum Zirkus, um nur noch einen Platz zu erdrängeln; Buchmacher, Programmverkäufer, Limonaden und Sweetmeats. / Die Rennwagen: »Die sind so leicht, Du: Du kannst die Karosserie mit dem Finger einbeulen!« / Am Start, der Aphesis: sämtliche zweiflügligen Gattertore (»Hinten vor den Garagen, weißt Du?«) springen automatisch zugleich auf; und die Viergespanne rollen, ausgerichtet nebeneinander, auf die mit Calx geweißte Startlinie (»die Moratores müssen haarscharf aufpassen, daß keiner der Fahrer sich vormogelt!«). / Ein Tubenstoß: – – und schon springen die 200 000 auf, brüllen, prügeln sich mit Armen (*und* Beinen), schlagen auch n paar Linienrichter tot / : und dann erst, beim zwanzigsten oder dreißigsten Rennen, wenns um den Großen Preis von Byzanz geht – und in der Nordkurve ist Öl! : *die Stürze* an der Meta! ! (Wo auch die Denkmäler berühmter Rennpferde stehen, Aura und Parthenia: schwarze sind unbeliebt, und werden ausgepfiffen. : »Dabei sind die im Kriege grade praktisch!«. / Oder die berühmten Rennfahrer: Clanis, der viermal auf'm Antiochia-Ring gesiegt hat. Oder Eubulos, der auf seiner Heimatbahn in Sinope unschlagbar ist: »... die müssen aber auch trainieren!....«. / Also: Training: Hilfspersonal en masse: Gymnasten, Hypokosmeten, Aleipten; Salber, Trainer, Masseure, Sportlehrer. Nachts legen sie sich Bleiplatten auf die Brust, um Lunge und Atemmuskulatur zu verstärkter Tätigkeit zu zwingen. Gewichtheben; Umgraben; den Korykos stoßen und wieder auffangen; Langlauf und Seilspringen. – »Ä-Enthaltung von Liebe« fügte sie schlau hinzu. / Besondere, von Sportärzten genau überwachte, Schlankheitsdiät: frischer Käse, Mohnbrot, getrocknete Feigen, sparsam Ziegenfleisch; absolut verboten sind Kuchen und Alkohol: »... und die Frauen sind vielleicht hinter denen her ! !« / »Och, das giebts auch massenhaft.« nämlich Frauenklubs und Sportlerinnen, die öffentliche Wettbewerbe abhalten und Athletenkost genießen. – »Na Prost: *ist* das nicht Wahnsinn, das Ganze ? !«; aber sie spitzte, absichtlich völlig verständnislos, den Mund: »Das macht doch Laune!«.

Nach links bogen wir ab, in den Feldweg (eigentlich ein limes actuarius und die vorschriftsmäßigen 12 Fuß breit). Spitze Wolkenschädel, Geronten mit Eierköpfen, besahen uns von allen Himmelsrändern, wie wir da in unserer Tellerwelt herumliliputanerten. Teilten uns dazu ein Pilzchen, roh, und das kalte löschpapierne Fleisch beizte uns wenig. Von ihrem säulenheiligen Daniel wollte sie noch händelsüchtig anfangen, der 36 Ellen hoch in der Luft saß, übern Rand schiß, und sich leidenschaftlich in alle Konzilien und orthodoxen Stänkereien mischte. »Marienerschei-

nungen? ? : Was denkstu, wie oft den Alten Athene erschienen ist! /
Gottes Sohn ? ? : Das kam im Altertum in jeder Besseren Familie, die n
bissel was auf sich hielt, mindestens einmal vor! : Denk an Herakles,
Helena, die Dioskuren etcetera! / Gemeinschaft der Gläubigen? ? :
hättest ma ne Dionysosfeier mitmachen sollen! Oder in Eleusis! : *Das* ist
doch Alles nischt Neues ! !«

Drüben auf der Heerstraße Soldaten: norische Schützen zu Pferd, roxolanische
Reiter in Lederpanzern, sogar Kataphrakten. (Dann auch die Schnellpost
von Hadrianopolis, zehnelang: »Die machen über hundert Millien am
Tage!«).

Vorm Wachtturm: »Freilich: Ihr wohnt hinter den Langen Mauern! – Der hat
immerhin schon seine 2 Dutzend Belagerungen ausgehalten! – Nee; ich
hab erst 2 mitgemacht; ich hab die Hälfte der Artillerie, zur Straße
rüber.«

»*Loslos komm!* : hier helfen keine Grübchen in der Stimme mehr. Nichts wie
ad clipeum und rauf!« ; denn sie machte mondäne Schwierigkeiten
wegen der engen Leiter: »Dein Vater hat ständig Angst vor Erdbeben
und Du stellst Dich wegen dem bißchen Kletterei so an . . . .« : das finstere
Gewölk ihres Stirnhaars; Blitze äugten; der pausenlose Mund borboryg-
mosierte an Böslichkeiten – ». . . und dabei siehts so schlank und elegant
aus! . . .« (ich, versöhnlich: sie trat blindlings nach mir Nachsteigendem).

»*Na endlich!*« : auch Gelon trollte über Feld und Gräben heran, betont
linkisch, eine Stierblase als Kappe über dem Igelhaar, und konnte
absichtlich nur thrakisch. (»Man kontrolliert uns nämlich bestimmt
demnächst von Herakleia-Perinthos aus« bedeutete ich Agraule).

Rasch durchsehen: Feigenholzschilde mit Leder bezogen? : »45«. Wetzsteine
zum Schärfen der Schwerter? : »Stimmt.« : »Sag bloß Allen, daß sie ihn
beim Probealarm nicht wieder vergessen!« Traggestelle für Rucksäcke
(ist freilich meiner Ansicht nach Quatsch, für uns hier; aber Vorschrift).

Lassos; ein Wurftuch mit Kugeln in den Ecken: »Alanische Spezialitäten: das
wickelt den Kopf zum Ersticken ein, und blendet – während die Kugeln
den Kopf zerdreschen –; wir haben Einen, der damit umgehen kann. –
Nee, ich brings auch nich!«. / Schleudern, und die plombierte Kiste mit
den 10000 Bleigeschossen dazu: »Du wirst Dich umkucken! : Gelon
kann Dir nachher mal vormachen, wie man auf 50 Schritte einen
handgroßen Kreis trifft: und mit einer Wucht, daß sich die Spitze platt
drückt! : ich hab mal Einen damit von vorn nach hinten durchschossen
gesehen! – – Der Stempel drauf? : bedeutet, daß die Munition aus den
großen Waffenfabriken von Hadrianopolis kommt«. / Die Lebensmittel:
»Das eine Mal waren wir 30 Tage hier eingeschlossen; zum Schluß ganz

ohne Wasser: *wir* sahen vielleicht aus ! !«: Getreide in Rationssäckchen;
Bucellatum, die eiserne Zwiebackration; »Füll die Ledereimer nochmal
mit Wasser, daß sie zur Übung dicht sind«; Wein, Medizin, Verbands-
zeug, Decken: »Ja, manchmal flüchten auch Frauen oder Kinder mit
rein; die nicht mehr zu Land oder See ins Auffanglager nach Philias
kommen«. / Im oberen Stock die Semeia: Rauch- und Feuersignale. 2
große, flach hohlgeschliffene Schilde zum Blinken bei Sonnenschein.
»Wir geben die vereinbarten Zeichen nach Süden weiter, zu den Bergen
– ja, vom Dach: während die Belagerer nach Dir zielen! – Und die dann
weiter zur Makra Teiche.« / Dann endlich meine Artillerie: »Drüben, die
Batterie nach dem Wald zu, kommandiert mein Vater.«: ein Tormen-
tum mit Mörserflugbahn; 2 Katapulte, Riesenarmbrüste für Flachbe-
schuß; ein Aerotonium, das Pfeile durch Preßluft schleudert. »Schuß-
weiten? ? – Na, die große Balliste da wirft so einen Stein hier 5 Stadien
weit: jaja! !«. – Brandgeschosse in versiegelten Steintöpfen.

»‹Seit dem Eintritt der christlichen Religion ist der Zorn der Götter über die
Menschheit gekommen›« übersetzte ich ihr zuvorkommend Gelons
Ansichten: »die Barbarenstämme aus den dunklen Wüsteneien des
Nordens (Germanen & Hunnen; ist *eine* Firma!) und den roten des
Südens (Perser sind gemeint!) berennen uns von allen Seiten: das war
früher nich!«: sie überschlug die Historie der letzten 200 Jahre: etwas ist
dran, wie?!, und dann stiegen wir wieder in den Sonnenschein.

(Gelon stieß mich bauernschlau auf thrakisch an: ? ?; aber ich verbot ihm
entrüstet den Mund: was heißt hier ‹Zukünftige› ? ! : »Kümmer Dich
um Du!«. »Hab ich ja schon!« griente er, und: »nää: ich machs lieber
gleich heute noch« (das Wassereinfüllen) »später hab ich keine Zeit.«
(murmelnd und möglichst stupide): »Morgen Abend kommt n
Schmugglerschiff vorbei; n Küstentramp: da geh ich an Bord, als Lotse
bis zur Istrosmündung –« – –

Schon von fern: eine untersetzte Schenke, aus derem schlagflüssigen Klinker-
profil muntere Fenster zwinkerten. Eine Trompete gellerte sich in immer
giftigere Seligkeiten, Grünspan mit Spucke – : und dann platzte die gesamte Blechmusik los, daß die Hügel wieder eine zeitlang Echos kauten.

Auf dem Anger: Jongleure; Neurobaten auf dünnen, Eunambuli auf dicken
Seilen; (»Ich weiß: in Byzanz brauchen sie gar keine!«); Thaumatopoioi!
Boxer mit schrecklich anziehenden Blumenkohlnasen und aus-
gefransten Ohren. Ein Neurospast ließ im Marionettentheater seine
Hampelpüppchen zappeln. Der Bänkelsänger hatte angeblich bei einem
Schiffbruch sein gesamtes Vermögen verloren, und zog jetzt mit der
gemalten Schauerhistorie durch die Lande.

Aber das hier gefiel ihr: ‹ein Bißchen› : die Rüpelposse vom Dionysos. Klodonea und Mimallona, in Felle des Hirschkalbs gehüllt, kleine Handpauken schlagend, den Thyrsos schwingend. Dann und wann brüllte ein Knecht dazu wie ein Stier. Mädchen trugen krokosfarbene Kleider (um die Bärinnen der Artemis darzustellen, die hoch und hager, bestimmt die längste Megäre von Europa, in ihrer Mitte ragte). Kleine Jungen tobten, mit Pinienkränzen im Haar; gebärdeten sich, und schmissen sich blitzschnell die Fäuste in die Augen. Dann baten sie um Gaben. »O Gott, kann der brüllen! – Naja: Stentor war ja wohl aus Thrake.« fügte sie resigniert hinzu).

Die kleine Stadt: (Ich mußte zum Wechsler, der sich heute einen unheimlichen Collybus abzog. Sie bestaunte die Prägung der Münze von Bizye: Artemis, die einen Pfeil zur Erde wirft; in der Linken eine lange Fackel, vor ihr, archaisch erstarrt, ihr steifer Hirsch – »Och!«; ich schenkte ihr eine ‹zum Andenken an die Wilden in Thrakien damals›, und sie hielt mich Erinnerung gerührt fest). (Dann noch für 10 Sekunden zur nächsten Urinamphora ins Sackgäßchen geschlüpft.)

»Komm: ne Bratwurst essen!« erst zierte sie sich, wählte dann lange zwischen Allas und Physke; aber endlich standen wir lachend und beißend umeinander, links die Brotscheibe, rechts die Blutwurst. (»Ja, nach Knoblauch stinken sie mächtig, ob Fischer oder Bauern! – *Ich* kann den Geruch ja auch nich vertragen!«). – An der Würfelbude verlor ich dreimal, grundsätzlich Canis damnosus; beim vierten Mal trat Agraule resolut dazwischen, stülpte pautz den Becher um: Iactus Veneris! ! (Also 3 Sechsen, und sie wählte sich kritisch eine der kunstvollen Crinalen aus Rohr. »Solche Haarnadeln dürfen aber nur Verheiratete tragen!« warnte ich – sie winkte lässig ab, und bargs in ihrem Säckchen).

Aha: viele Füße schmatzten heran (asselten): die Lecticarii (12 Mann hoch in brandroter Livree). Außer ihrem großen Fourposter hatten sie noch eine kleine, leicht gezimmerte, für Agraule mitgebracht. Anatolios tippte mich lebenslustig an die Schulter (während Gabriel salbungsvoll eine dicke Wolkin beblickte: Eitelkeiten ringsum!) :

ein Busch öffnet sich oben (auf der Festwiese wieder): dem grünen Zittermund entschlüpfte sogleich seine Tänzerin; eine andere fiel ihr vom Himmel entgegen: sie machten Reifen aus ihren Armen und drehten sich selig darunter. / Ein Düsterer: wurde nur Auge und Hand. Umhaartes Funkelauge; spitze Marmorhand – : und sein Pfeil zitterte längst drüben in der pendelnden Gurke: gar nich mal schlecht! / 2 Fischer, Freiwillige vor, verschnürten lustvoll den kleinen stillen Mann; ein Dritter untersuchte ihn wiehernd nach verborgenen Messern, hob ihm die Zunge –

öffnete den Duldenden hinten: ? – (dann zwängten sie ihn in den Sack und rolltens beiseite). / Ein langes Mädchen, riemenschmal, glitt um einen Baum herab; sie rollte sich lachend ein, daß ihre Glieder völlig durcheinander lagen: der Kopf in der Mitte sah uns listig an (umgeben von Fingern und Füßen, die rhythmisch Kußhändchen warfen. – Anatolios winkte sie burschikos zu sich in die Sänfte, aus der sie nach einer Viertelstunde heiter wieder hervorschlüpfte). / 2 Athletinnen rangen sich zu einem fetten Riesenknäuel; mit breiten Oberarmen verschient. Beine hebelten dazwischen, Muskeln beulten, Brüste buckelten, sie handhabten sich wie Säcke. Eine wuchs langsam aus der Matte, dicke Stücke der verwulsteten Gegnerin über der Schulter, im Arm, zwischen den Beinen: ! : unter dem donnernden Beifall des Volkes rissen ihnen – endlich – die Trikots – jappend ließen sie sich los, und verneigten sich vielemale, künstlich verwirrt und immer freigebiger. / : Drüben der Sack wurde lebendig: faltete sich ein, beulte und höckerte – – binnen Kurzem zerfiel er, und der Lächelnde trat gelassen heraus: ? ? ? (Später zeigte er uns, für Geld, wo er das Messer barg: am linken Kleinfinger hatte er nur noch das unterste Glied; an den Stumpf war die kleine haarscharfe Klinge geschnallt, ein künstlicher Finger darüber gestülpt).

Auch der Magistrat erschien geschlossen gegen Abend; Anatolios hatte die Ehrerbietigen sogleich vor sich führen lassen, und begann endlose statistische Unterhaltungen. (Allerdings sahen sie, inklusive des heiligen Gabriel, auch diverse Male zu uns herüber: na, wenn man uns nächstes Jahr die Steuer erhöht, weiß ich, woher s kommt!).

Unbeweglich auf rötlichem Gefieder schwebte der Mond über den stillen Buschreihen; die Engel peitschten ihre silbernen und goldenen Kreisel um den Berg.

Neben Agraules Sänfte (die Hand auf dem Rand: so hatte sie es bestimmt gefordert. Hinter uns die 2 letzten Fackelträger: eine Weinrebe mit Pech bestrichen; eine aus sühnkräftigem Weißdorn. – Ihr Mund zwinkerte mir zu: das Tändelmäulchen plapperte; ab und zu, bei einer besonders wichtigen Stelle, nagten ihre Finger die meinen).

Vor uns schwankte die große Lectica: hei, da gings lebhaft zu! Sie debattierten drinnen, daß die Vorhänge wackelten, Gabriels theologischer Zitterbaß, und die gedämpfteren Zischer ihres Vaters; wir blieben noch weiter zurück).

Astronomieexamen: »Die 7 Dreschochsen«, sagte sie stolz, »und n Orion!« Unsicherer: »Die Plejaden –«; man sah mich erwartungsvoll an –

»Sag die Planeten auf!« : 7 magere Fingerchen erschienen hochzweifelnd, verschwanden Einer nach dem Anderen: »Selene, Stilbon, Eosphoros. – :

Helios! – Pyroeis. : Phaeton Phainon!« und »Hastu voriges Jahr den großen Kometen gesehen ? !« (Jawohl; 40 Tage lang; im Schützen).

Aus weißen Wolkenplatten ein Weg quer über den Himmel gelegt; wir gingen mit mattierten Gesichtern und langen Fingern; es spitzte unsere Schatten an (»Och schon da? ? : Och!« und sie tippte mich sehr zum Abschied).

Anatolios (Gabriel war schon mit pausbäckigem Talar hinein gerauscht; haben sich anscheinend gezankt!) : aber auch der hier schien verlegen: »Naja: gewiß –« hüstelte vorsichtig bejahrt, und scheuerte sich die Nase: »Tschaaa – –«

Plötzlich aber leuchtete sein Gesicht auf; er schien sich entschlossen zu haben; nickte und klopfte unverdrossen meine Schulter; rieb sich auch die Geschäftshand an der Toga warm: »Also bis morgen! – Aber Du kommst *bestimmt*, Lykophron, ja? ! !«. Ja sicher, gern (und ich gefiel ihm unverkennbar: !).

Am Jahrmarktshimmel: glühende und gefrorene Steine flogen da langsam durcheinander, meinetwegen auch Metallblöcke und Eissplitter. (Oder, wie der Christianer hinten wollte: pastellfarbene Bälle, mit denen die Engel Golf spielten!). – –

Graugestrichener Morgen (mit schwarzen abstrakten Klexen): die trägen Stimmen der Knechte schalten Dunkel und Grau; Stiere murrten; der Hahn wieherte unerbittlich.

Unter einer kahlen Allee (oder: Himmel völlig von schwarzen Gängen zerfressen. Oben, parallel, die Nebelströmung: eine blasse Untiefe drin).

Nanu ? ! ! : Agraule zusteifst in einer Art Kirchenstuhl gefangen. Gabriel eisig-weich, die Hände in den Ärmeln: »Bittö?« (also meinetwegen bitte!):

Einwände gegen Kosmas:

Erstens: Die Schiffer in den Meeren ums Prasum Promontorium (unter 15 Grad *südlicher* Breite!) berichten einstimmig, daß sie am Südhimmel einen neuen ‹Polarstern› erblickten, um den die Sphäre dort kreise: also ein zweites Rotationszentrum! Und Dioskoros war ein verläßlicher Mann! – »Die Berichte sind doch wohl noch zu unsicher«, antwortete er unbewegt: »schließlich führt Kosmas ja nicht umsonst den Beinamen des ‹Indikopleustes› !« . Schön; ist also noch zu klären (ebenso die Meldungen, daß im höchsten Norden die Sonne im Sommer nicht untergehe, ja?).

(Agraules Gesicht, schneeweiß, schwarz und weiß, zerriß einmal so grausam schnell, daß ich erst aufwollte, und ihr helfen – aber sie schüttelte

angstvoll drohend die Augen – bildete lautlos ein Wort: ? : ‹Ga–bel–› : ? ?
Ich hob kurz die Schultern: Kannitverstan!).

Zweitens: Bei Mondfinsternissen geht Selene also durch den Schatten des
Berges? Augenscheinlichement. Tief unten ist der Berg breiter: sie
dauern länger. Oben kürzer. Streift er nur die Spitze, ist die Eklipsis
partiell. (Er nickte erhaben pikiert). »Nur: es kommen Finsternisse vor –
hundertfach observiert – wo der *obere* Teil der Mondscheibe verdunkelt
erscheint! Der untere Teil von der Sonne beleuchtet! . . . . . : ?«

Er (eindeutig um Zeit zu gewinnen!) sagte runzelhastig: »Ich habe nicht
verstanden – – ?« (Also noch einmal das schöne Spiel!).

Er war fertig! (und ich wußte, wer Recht hatte, Kosmas oder Eutokios!).
Er schluckte. Erstickt: »–es ist–ä–: eine Höhle im Berg! Durch die
Sonnenlicht fallen kann. –« (erlöst! Nur: eine solche Höhle müßte ein
langes Rohr im Gestein sein, und bei der geringsten Verschiebung der
beteiligten Gestirne könnte kein Sonnenlicht den Mond mehr treffen! :
»außerdem ist sie auch gar nicht eingezeichnet!« schloß ich triumphierend).

Als er sah, wie ich sah: nämlich, daß er sichs notierte, brummte er was von
‹mal bei Kosmas direkt rückfragen›. (Würden also ‹mit Gott› die neue
ingeniöse Korrektur einarbeiten!).

(Sie lachte nicht! Weder kameraden noch sonst. Blinkte auch nicht zustimmend mit Augen!).

Drittens: Bei Halbmond bilden Erde–Sonne–Mond ein rechtwinkliges Drei-
eck (mit dem rechten Winkel am Mond; er gabs zu) : mißt man nun von
uns aus den Winkel vom Mond zur Sonne, so müßte er – bei Eurer
Voraussetzung der annähernden Gleichheit der Bahndurchmesser –
stets dicht unter 45 Grad liegen. Er ist aber (tausendfach seit Aristoteles
nachgemessen!) so klein, daß er praktisch noch unterhalb unserer heuti-
gen Meßgenauigkeit liegt: und folglich die Radien von Sonnen- und
Mondbahn sich *mindestens* wie 60 zu 1 verhalten müssen! (Ja, notiere nur,
Schätzchen! Wenn auch mit abfällig geschürztem Gemien!).

Aus weitestem Mund: sie formte entsetzt ‹Ka› : ‹Pel› : ‹Le› ! ! ! Ich verstand
zuerst nicht; um ganz sicher zu gehen, meditierte ich, wie in zähen
Gedanken: ». . . . ja, und diese Stiftshütte *oder Kapelle* dann . . . . .« – ein
weiter transzendenter Blick an die Wand zwischen den Beiden – : ? : sie
ließ tief bejahend den Kopf sinken).

Viertens: (Kleinigkeiten nur noch: wem 1 bis 3 nich langt! –) :

    a) Die ‹Reinheit› der uranischen Körper: der fleckige Mond! (schon
       Plutarch hat ja, aus der unregelmäßigen Schattengrenze, auf Berg-
       züge geschlossen!).

b) Ebenso ‹Reinstes Feuer› ? : die hat n ganz hübsch syphilitisches Gesichtel, die Sonne! : Bei Aufgang in dünnem Gewölk (oder mit Blendgläsern) kann man mit bloßem Auge wechselnde Flecke in ihr erkennen! Eine Gruppe erschien 18 Monate lang Tag für Tag: und lief um den Flammenball herum! Erst am West- dann am Ostrand der Sonne: *Unvollkommenheit der Himmelskörper!* !

c) Was wird zuerst beleuchtet: Fuß oder Gipfel des Berges? ! / Oder: was sieht man auf dem Meere zuerst vom Schiff: doch wohl die Mastspitze? ! / Warum ist Phosphoros zuweilen dreimal heller als sonst? (Oh weh: s war ihm noch nie ein Problem gewesen!). / »Wie erklärt Kosmas, daß die Planeten manchmal rückläufig werden? : vielleicht eine Laune des betreffenden Seraphs, der back=spin giebt ? !« (er tötete mich mehrfach mit orthodoxen Giftaugen).

»Könnte man – als Kompromiß – diese ganze ‹Innere Erde› mitsamt dem ‹Berg des Nordens› nicht als die arg verzeichnete, abgeschnittene Nordhalbkugel des Ptolemaios betrachten?« – Er zuckte auf; er zwang grimmig an sich herum (Warum spie er mir nicht ins Lästerantlitz? : war doch die bequemste und bei Euch beliebteste Methode der Widerlegung? ! Wenn kein Gegengrund mehr einfällt, bleibt immer noch der Scheiterhaufen!). »Ja, das behaupten die Exothen« sagte er, wieder abgekühlt. (Müssen demnach schlaue Leute sein, diese ‹Unchristen›.) »Du glaubst also der Bibel mehr, als Deinen eigenen Augen?« : »Ich breche die Unterhaltung ab!« (giftig=fromm).

Dann konnte er sichs aber doch nicht verkneifen: Von der Äußeren Erde: »Gegen Ende seines 7. Buches muß ja auch Euer Ptolemaios zugeben, daß vom Kattigara aus sich Land weiter gegen Süden, und dann gerade nach Westen richtet, so daß es mit dem festen Land von Afrika zu einem Ganzen werde; das dazwischen liegende Meer zum größten Binnensee. Und weiter: daß sich von der Südspitze Afrikas auch gegen Westen hin Land ziehe! Nun trenne einfach Afrika los – nach dem Bericht Herodots ist es ja umschifft worden! – und Du hast den Südteil der Äußeren Erde!« (Und sieghaft ‹bewies› er mirs weiter, aus ‹meinen eigenen Autoritäten› : »Zur Zeit, da Quintus Metellus Celer Prokonsul in Gallien war, wurden an der Küste von Armorica mehrfach Leichen von rothäutigen Dämonen angetrieben: mit Schnabelnasen, und Adlerfedern statt der Haare!« – ich kannte die Stelle im Pomponius Mela wohl: aber die Phantasie dieser Leute! !). / Auch: »Hat nicht Eratosthenes bestätigt, daß das Mare Caspium ein Busen des Nordmeers sei?« / Dann die alten Witze gegen Antipoden. – (Anstatt einzusehen, daß die Welt der Erscheinungen anfänglich verschiedene naive Erklärungen erlaubt; allmählich aber, je größer der durchforschte Raum wird, treten Phänomene auf, die dergleichen Träume nicht mehr gestatten!).

»*Du hast alle diese* – zum Teil nicht unfeinen – Einwände: *selbst* ersonnen? ?« : »Nein. Mit meinem Vater« : »Soo : *mit Deinem Vater ! !*« wiederholte er verzerrten Gesichts (biß auch die Unterlippe zurück, die eben ausplaudern wollte).

Und die Streiche fielen, daß unsere Zungen klirrten: Unwürdige Vorstellung der Heiden von ihren Göttern? : Kümmert Euch um die Erotika des Hohen Liedes, und alttestamentarische Huren / Widersprüche der antiken Mythologien? : Klärt erst mal Eure in den Evangelien! / Eitles Götterpack? : Aber wenn sich ungelernte Tischlerjungen Haar und Bart salben und kräuseln, was? / Überhaupt: »Ist Kosmas nicht eigentlich Nestorianer? !« (scheinbar harmlos; aber *das* Messer saß, so bäumte sich der fromme Alterszwitter auf: »Das tut wohl wissenschaftlich nichts zur Sache! – Es giebt ja viel schlimmere Ketzer! !« und wies stammelnd vor Wut so etwa auf mich: ! – Waren *seine* Lästerungen des ewigen Olymps etwa sachlich gewesen? : »Nur, daß sein Bild nich auch mal von Justinian ins Kopron geworfen wird: geht ja schnell bei Euch!«).

»*Ich bedaure übrigens,* den Unterricht durchaus abbrechen zu müssen! Wichtigste Arbeiten im Dienst unserer Mutter Kirche – –« (und hämisch wogte sein Maul: von mir aus gern! Ich weiß längst genug von Eurer Kultur: wem *die* Probe noch nicht genügt! – Formelle Neigung zu Agraule: die dippte hastig den Kopf: ‹Ka–pel–le› !). –

Stumpfe Mongolengesichter machte die Sonne aus dem Nebel; wäßriges Licht teichte umher; drüben von der Tenne stäubte's im Pumpertakt (bin ja bloß neugierig, was los ist!).

Vor der Kapelle: Im flachen Matsch stehen, wie in geschmolzener Zeit; am Hutrand hing still ein milchiger Tropfen (ich faßte zweifelnd die schwammige Luft an, und sah dann unentschlossen herum: giebt noch mehr Nebel!) :

: *sie warf sich schnaufend an mich,* krümmte sich vor Anstrengung, ihre Blicke rutschten von allen Gegenständen ab: »Ochch! ! !«

Der eisige Windstoß wollte uns beide skalpieren. Er packte Agraule beim Schopf, daß sie die Stirnhaut zusammenbiß, und sich an mich duckte; guillotinierte von hinten – und sie floh entsetzt vor uns her, schwere Schwarzflammen ums ganze Gesicht: »Komm mit rein! : Iss sicherer!«

»*Wo bistu eigentlich hergekommen? !*« : der ‹Gute Hirte› stand plötzlich seitwärts im Raum! Und dahinter ein dunkler Klaff, in den ich ohne weiteres hineingestürmt wurde: »–Zieh zu hinter Dir!« –

Mit platten Händen an die Wand gefallen war sie: im breiten ledernen

Stirnband glomm ein Tonlämpchen; ihre Zunge schlug blindlings zu, ihre Worte schallten auf mir:

»*Der Gang?*« (ging die Atempfeife): »bis in die Villa: die Säule iss doch *hohl*, Mensch. Mit ner Schneckentreppe im Innern. – – Nee: Familiengeheimnis; Gabriel hat keine Ahnung!«. Die Einäugige jappte am ganzen Körper:

»*Gabriel:* hat gestern vom Magistrat in Salmydessos irgendwie rausgekriegt: daß bei Euch n berüchtigter langgesuchter Großketzer lebt. Gegen den noch n altes Urteil zu vollstrecken ist! : Und Du hast ihn auch belogen! Da hat er gestern Abend noch n Eilkurier nach Byzanz abgefertigt: heute Abend kommt die Polizei!«

»*Dein Vater iss auch geliefert:* wegen wissentlicher Beherbergung eines Verbrechers. Auch ‹Vermögenseinziehung unter dem Vorwurf des Polytheismus› hat er vorgeschlagen –« die schmale Brust keuchte langsamer:

»*Nein!* : sie müssen sofort beide fliehen! – Halt: Lyko! !« :

»*Pappa läßt Dir sagen:* Du mußt hierbleiben! Dein Vater soll aber sofort das hier unterschreiben –« stieß noch im Reden den Stein auf, und schob mir das Elfenbeinröhrchen wie eine Stafette in die Hand. Warf mir in fliegender Eile, Wiedergutmachung, ein Dutzend Streichelfinger ins Gesicht. Dann drohend-treuherziges Fauchen: »Willstu wohl laufen, Nihilist! !«

Wolkenfratzen galoppierten ringsum: windzerfressen, Graujauche speichelte: fahrt zur Hölle ringsum, Götter und Himmelserscheinungen! (Aber das zottige Pack blieb und sabberte weiter).

Voll braunglitzerndem Schleim: flog die Straße vor mir her, und ich trommelte rasend darauf entlang (und wenn mir die Waden platzten; oben bleiche Feuchte, zog der hängende Schneckenwanst weiter seine Schleimspur, amöbte und schlurrte: 25 Stadien in 15 Minuten!) :

»*Wo ist Eutokios!* !« (»Ja, oder mein Vater, ist egal!«)

Sie lauschten immer noch: – ihre Arme ragten aus der Tischplatte – dann wandte er sich scharf ab – »Wohin? : Meister! !« – der greise Emigrant sah nicht mehr her: »Packen!« (erbarmungslos!).

»*Im Ruderboot?* Jetzt im Oktober? !« – Oder durch die Schluchten des Hämus? : »Da finden Sie uns sofort mit Hunden!« –

Halt! : Da! ! : Fiels auf mich ein! ! ! : Das Schmugglerschiff! Heute Abend ! ! – – Und mein Vater nickte bald: gut, zum einstigen Schwiegersohn nach Cherson. Erstmal. (Etwas Wäsche und ein Bücherkistchen. »Geh sofort Lyko, und erledige das! – Falls es nicht klappt!«).

Die Sonne machte sich schlammigere Teiche; Fetzenfische hasteten; quallig-

150

quallig: Alles bewegte sich oben. (Und ich unten; der Regen wusch und schwarz und grün und Zäune und Zotten).

Im Schatten von vorbeieilenden Fässern: könnt man, Diogenes, wohnen; liegenschnarchen; christlich lauern; zu Stuhle gehen; (meinswegen auch Dithyramben schmieden oder ‹knieebeugt› machen; hinter Fässern. Aus der Mauer zeterte leise das Küchenrinnsal).

»*Gee – lonn! ! –*« : er hörte mißtrauisch zu und schwankte erst lange: das war riskanter als ein bißchen Schmuggelei! (Und ich verhehlte ihm keine Gefahr!).

»*Also beim Nordkanal* die dritte Einfahrt rechts?« (Dritte vom Meer aus gerechnet!) »Wir holen Euch mit dem Langboot ab: aber *ganz* wenig Gepäck, Du! Und geschwärzte Gesichter, wenn ich bitten darf! – Ja, meinetwegen auch Kapuzen mit Augenschlitzen: und pünktlich! Wir fahren bloß zweimal hin und her!«

»*Noch eins, Gelon!* : In seinem Gefolge befindet sich ein Zollbeamter, sein schärfster Spürhund: als Priester verkleidet! Mit dem Spezialauftrag, *Euch hier* zu kontrollieren! Wenn Ihr ihn in der Nähe rumstreichen seht, wißt ihr Bescheid: sags weiter!« er machte bereits Fäuste vom Umfang eines Kinderkopfes.

Ein Zaun im Nebel? : Skias onar anthropos; umbrae somnium homo: eine Grenze. Also voltigierte ich rücksichtslos über das neblige Gesetz!

Ich ruderte den Kahn, endlos durch immer enger werdende Gräben, wie gut, daß ich alle Biegungen kannte, so dicht wie möglich ans Haus: blieben immer noch 1000 Schritte (wenn nicht mehr; und der Nebel wurde dichter!).

Pflöcke und Leine! : Ich schlug sie mäßig ein, und spannte sie – die Nacht war feucht genug – ganz locker. Sträucher hatten sich in der Trübe um mich zusammengerottet: wo war jetzt der Ausgang? (Eventuell noch irgendwelche Winkel bestimmen? –).

Letzte Gespräche (zwischen aufgerissenen Schränken und ärmlichen Säckchen. Mein Vater trübe und gebeugt! Eutokios kalt und aufrecht; fast Freude des Umziehenden? ?):

»*Hat das Unterschreiben* überhaupt Zweck?« – in dem reichgeschnitzten Zylinder das kalligraphische Blatt: mein Vater hatte mir angeblich bereits vor 3 Jahren das Gut übertragen! Mit notariellem Siegel und 2 Zeugenunterschriften (alle von Anatolios' Personal sicher). / »Ist doch sinnlos!« (Eutokios): »*bereichern* will er sich an uns: wie wunderbar kann er sich arrondieren!« / Ich (mir fiel eine Bemerkung Agraules ein): »Nein! : er legt – zumal im Augenblick – allergrößten Wert darauf, besitzlos zu erscheinen: damit widerlegt er jeden Ankläger!«

Und wie sorgfältig Alles verschnürt war: »– das ist kein Blitzeinfall gewesen: das hat er stundenlang vorbereiten müssen – : noch einmal, Lykophron: *was* hat das Mädel genau gesagt? ! –« / »Ja: warum läßt man uns *überhaupt* warnen? ! !«

»*Tja – dann* giebt es wohl nur *eine* Möglichkeit! : – –« verstummte, sein Gesicht wurde scharf; einmal sah er flüchtig zu mir herüber; rechnete wiederum: – – und lachte kurz und gellend auf: »Pffff: klar! : Mensch! ! ! – – Geh mal n Augenblick raus, Lyko –«. –

: »*Du wirst wahrscheinlich* Agraule heiraten sollen – « (Eutokios sachlich; schob auch schon abwehrend die Hand vor: ichweißichweiß): »Du mußt Dich opfern! : nur so kann unsere finanzielle Grundlage, das Gut – *scheinbar, ich weiß es nicht genau* – erhalten werden!« / »Sie hat eingestandenermaßen von ihrem Vater den Auftrag, Dich – also uns – zu warnen –« (und die sich ergebenden Korollarien; er suchte mich schwerfälligen Auges ab, scharf, ironischer, wurde stiller; traurig; nickte (schon wieder beim Packen). / »Ach was! : er kriegt als Schwiegersohn n graden unverdorbenen Burschen, wie er ihn in ganz Byzanz nicht wieder findet: die Typen aus ‹seinen Kreisen› kennt er nur allzu gut!«

»*Gabriel von Thisoa?* : Wenn ich ihn haßte, könnte er mich vielleicht noch vorschriftsmäßig lieben – aber so haßt *er mich* – das geht selbst über Christenkräfte!« / »Und vergiß die Mondfinsternis am Siebzehnten/ Achtzehnten Elften nich!«

»*Wir? ?* : Wir gehen durchs Kaspische Meer nach Persien!« (Vom Tanais aus führt ein 3500 Stadien langes See- und Flußsystem durch schilfreiche Sümpfe, Bifurkationen und moorige Weiden bis ins Mare Hyrkanum: der halbe Indienhandel geht ja habituell diesen nördlichen Wasserweg! Schon Seleukos hat die Fahrt mit einer Camarenflotille gemacht. – Sogar der große Oxianus Lacus, noch weiter im Osten, hängt damit zusammen, so daß man den Jaxartes oft den ‹Östlichen Tanais› nennt: Alexander hat seinerzeit mal aus Spaß von Baktrien aus Gesandte *zu Wasser* ans Schwarzmeer geschickt: im Herbst fuhren sie ab, und waren im Winter wieder zurück; brachten auch zur Bestätigung Kaufleute aus Kertsch mit).

Wie weiter? : »Na, zunächst zur Insel Talka, dicht vor der Südküste.« (Feueranbeter: auf einer Landspitze dort steht ein kleiner Tempel, an dessen Altar aus einer großen Röhre immerwährendes blaues Feuer hervorbricht, das die Hand nicht versehrt. Mit hohem singendem Ton. (Wie damals im Massiven; aber die war silbern!)). / »Dann weiter über Zadrakarta zur Universität Madain; ich hab da Bekannte genug unter den Dozenten: von früher noch!«. (Feueranbeter? Reinster Dienst? :

»Ja, nachts bricht die Flamme aus der Kuppel des Gebäudes hervor: sieht phantastisch aus! – Andrerseits nehmen sie auch wieder rituelle Waschungen mit Kuhurin vor, und treiben leidenschaftlich Seeräuberei – ich sag Dir s ja: wie s in frommen Köpfen aussieht, können wir uns einfach nicht vorstellen: da ist irgendwie eine achselzuckende Schranke – «) / »Oh, wir müssen uns beeilen! : November bis April ist dort oben Alles zugefroren!« (und packen, packen, packen; ich stemmte indes das vermauerte Wandfach zum Geld auf).

»*Du versuchst jedenfalls* zunächst das Gut zu halten! : Wenn alle Stränge reißen sollten, kommst Du irgendwie nach. Unsere Anschrift hinterlegen wir bei – nein: nicht notieren! Nichts schriftlich! – bei ‹Ssalal–ad–Din; Rektor in Madain›. Auch eventuelle Geldsendungen, ja.«

6 Uhr abends: Wir verließen die zerfleischten Räume (in lichtgrauen Mänteln: dunkles Geäst drauf geteert, zur Tarnung).

Zum letzten Mal durchs Hoftor: mein Vater! ! Er mußte sich eine Sekunde am Pfosten weiter fassen, krümmte auch den Mund und spie Tränenrotz (während Eutokios Flüche dachte) – – : »Iss das nich – –« : Pferdegetrappel ? ? –

Der Nebel: war grausam und kroch. Rollte und wellte und kroch. Übern Sand – »Moment!« / Langsam fuchtelte Grauweißgrau. Eine zinnerne Scheibe, Wassergalle, schwappte aufs abs. Totenköpfiges löcherte: verflucht? : Gebell? ? ! ! (Erstarrung oder Totschlag) –

Aber es war Parpax, der Alte! : ich zupfte mit fliegenden Fingern am Schinken und stopfte ihm den leise trommelnden Mund, ‹ja, guuutes Kerlchen: sosooo› – er nickte, machte ein paar freundliche Gebärden und verblaßte wieder – – »Nein, die Pflöcke rausziehen! !« (Und Eutokios: »Guut, Lyko! !« – wenn *ers* sagt, *bin* ich gut!).

Gemisch dreier Elemente: im dicken Abendmorast. Ein Baum tastete sich knirschend heran, wir stolperten uns in die Zweige, Wasser rann von uns – schlugen uns zitternd zurück: verflucht, nimm Dich zusamm' !

»*Nein: schief !* – Der Proviantsack muß nach Backbord!« (einstemmen, die Brust ran, das schwarze Flattertier der Nacht schwebte über uns; einmal hatten wir eine Heh-Stimme gehört).

Eine Einfahrt links: Wind drückte mit kalten weichen Händen ums Gesicht; zweite links (jetzt mußte sofort eine rechts kommen: ? – – : gut!); hoffentlich haben sie schwarze Segel am Schiff; die dritte links: und das Ruder durchziehen! – –

»*Mensch: Tempoooo!*« : Gelon zischte dampfpfeifig, im Bug des Zwanzigrudrigen Langbootes. (»Quatsch: erst die Säcke natürlich!«).

Eutokios sagte: »Noch einmal siegen die ewig Unheilbaren. Die nicht begreifen können, daß die 100000 Jahre der Metaphysik vorbei sind, und die
der Physik angefangen haben: Wir, Lykophron, wissen, wohin wir
gehören!« – Er schwenkte die Knochenhand hoch, würdevoll, eine
strenge Raumkurve – und ich riß den Kopf: da standen wir: Menhirs in
christlicher Nacht! – (Wind schob sich gleich dazwischen; unsere Boote
jankten; Blödheit der Geräusche; ein Fluch schlitzte mir den Mund:
erzeugt Paradiese: aber ohne Mich! ! (Möchten die Christenpriester einst
Gleiches erfahren! Unsere Rächer trinken zukunftssicher ihren Kumys
im Imaus!). – – –

Im Traumsumpf molchten Nebel herum (daheim störe ich jetzt nur die Haus-
suchung: also zur Hütte. – Oder noch warten – –)

Warten: der Nebel wurde dünndicht, dünndicht. – – Warten – –

Da! ! : ein Stern beschrieb eine Parabel am Himmel: rot, also das Zeichen, daß
sie sicher an Bord sind! – (und ich floß langsam, rechts-links, durch die
Priele) –

Ich robbte unhörbar die Sandbank hoch: – – : »Agraule!« (und die Hand vor
ihren Mund! Wind schlug auch um sich, daß uns die Fetzen der Luft um
die Ohren klatschten: »Lyko ! !«)

(»Ganz leise, Mensch: 20 Schritte entfernt stehen die Sänftenkerle! –«)

»Drüben an der Ecke waren zuerst noch 2 Fischer« (also Schmiere stehen!) :
»die haben, als sie uns sahen, Gabriel, als heiligen Mann, gebeten, doch
mitzukommen: in einem Schuppen, 5 Minuten landein, befände sich ein
Todkranker. – ? : Ja, er ist sofort mitgegangen!« (und sie erschrak vor
einem hysterischen Kehllaut).

»Oh, Du mein Widersacher!« : sagte sie kraftlos – und kam mit; pfropfte mir
tapfer ihr Fäustchen in die Hand, und kletterte zaghaft hinten rum – bis
sie endlich ganz an mich rutschte und sich zufrieden festhielt.

Windrassel im Ried; ein ‹wo sind wir eigentlich› (bei der Jagdhütte natürlich!
Sie tastete sich hinein, am Geländer meiner Arme. »Bloß kein Licht: der
Nebel steigt ohnehin schon!«).

Auf Decken: sie nahm meinen linken Arm und wickelte sich hinein:

»Morgen Vormittag werden wir getraut: Du kommst um 11 zu Uns. – Nö, n
fremder Kaplan!« / »Sofort nach der Trauung kriegst Du unser Gut
übergeben: Wir leben hier! Pappa meint auch, das Hofleben wär nichts
für Dich, so Ambitus und Nepotismus, das will gelernt sein: Du
bekommst allmählich die Aufsicht über die ganze Landmesserei in der
Provinz!«.

Ihre Hand schmolz einmal über mein Gesicht; ihre Stimme feixte: »Du, das
war gestern vielleicht kullig! : Pappa hat Gabriel das lahmste Pferd und

154

den doofsten Boten gegeben – und 1 Stunde später dann seinen besten
Mann hinterhergejagt: er hat auch gleich Gabriel durch den Patriarchen
versetzen lassen, in irgend einen unreinlichen Weltteil : Du brauchst ihn
nicht mehr zu sehen! – Klar! : wenn er (Gabriel) nochmal auftaucht, hau
ihm ordentlich eine rein: für mich gleich mit! : Pappa wird jetz offiziell
Minister, da kann er gar nichts mehr machen – sonst läßt er ihn einfach
zum Ketzer erklären, und in die thebaische Wüste schicken.« (Beim
Gähnen hielt sie sich *meine* Hand vor! !).

Hätten sie mein Gut nicht einfach einziehen können? : sie schnaufte nur
mitleidig: »Dann wär s doch an' Staat gefallen! : So behältst Dus, und
meins kommt noch dazu – – so hat Pappa immer ‹im Dienst sein
Vermögen zugesetzt› ; und kann, wenn er will, bei ‹seinen Kindern›
wohnen. « –

Pause. Unsere Atem pendelten.

»*Iss es denn so schlimm,* mich mal anzufassen? ? ! !« schrie sie schneidend –
»Dann wirds allerdings fein! !« und heulte einmal kurz auf.

Also: Griffe: wir verfilzten uns düster, wir waren Anfänger, mit Gesichtern;
Wind mischte sich ein; Finger würgten und bohrten, meine Hand wußte
mehr als ich – bis sie einen Gächzer tat und treuherzig bat: »Ich kanns
auch noch nich. : Aber morgen Abend machen wirs richtig: bei Licht!
Och!« / »Wir treiben am laufenden Band ab, Du« schwor sie entschlossen »und wenn ich ganze Sade*wälder* kauen soll!«. / »Du kannst mich ja
als Feldmesserin ausbilden – ich mach *Alles* mit, Du!« und ihr großer
Mund begann glücklich zu wellen – nahm ich sie also wieder höflich bei
Bausch und Bogen; ich, von gelben Fingerschlangen überlaufen.

»*Nu werd ich ne Landfrau* – –« hörte ich sie tiefsinnig murmeln. Behaglich
seufzen. – –

Ihr Körper ballte sich langsam um mich zusammen; Hände lagen weiße
Brettchen; ihr Gesicht schlief auf mir ein, flach, mit verleimten Augen,
schwarze Zottendreiecke sägten die niedrige Stirn.

Der Öltropfen des Mondes löste sich 'hutsam aus seinem Wolkenschlauch, zog
sich lang, wupp, und schwebte nach unten. (Agraule im Schlaf: faselte
mit hoher impotenter Stimme und lachte schnappend und widerwillig.
Ihre Hände maulwurften tiefer um mich herum und nahmen mich weg;
ich schob sie wieder ins Deckenetui, aber sie hielt, zähe Besitzerin, fest).

Rücksichtslos: würde ich Geld herauswirtschaften, aus dem neuen Doppelgut!
Und Dreiviertel davon hinschicken: sie hatte genug grüne Schuhe! (In
dem Schlafgesicht links begann es zu winseln: aus der Mundrinne
schloff ein Flüsterhaspel; dann plättete sich die grauleinene Fläche
wieder).

‹*In 10 Jahren* wäre Gras über die Sache gewachsen› hatte sie behauptet: ‹da
könnte ich sie ja wieder zurückholen, *wenn ich durchaus* wollte› ! ! : Oh
Captain, my Captain! ! ! –

Ihre Nase entschloß sich, fein zu schluchzen; erst süß und eintönig; dann
derber – : und dudelsackte auf einmal gar munter: das würde ich also
nun manche Nacht hören! – –

ERSTVERÖFFENTLICHUNGEN

ENTHYMESIS :
in *Leviathan*
Hamburg–Stuttgart–Berlin–Baden-Baden: Rowohlt 1949

GADIR :
in *Leviathan*
Hamburg–Stuttgart–Berlin–Baden-Baden: Rowohlt 1949

ALEXANDER :
in *die umsiedler. 2 prosastudien*
Frankfurt / M.: Frankfurter Verlagsanstalt 1953
(= studio frankfurt 6, hrsg. von Alfred Andersch)

KOSMAS :
Krefeld–Baden-Baden: Agis 1955
(= Supplementband zu ‹Augenblick› 1, hrsg. von Max Bense)

EDITIONEN
DER ARNO SCHMIDT STIFTUNG
IM HAFFMANS VERLAG

JULIA, ODER DIE GEMÄLDE
Scenen aus dem Novecento.
Der letzte, Fragment gebliebene Dialogroman.
Wiedergabe des 101 DIN A3 Seiten umfassenden Typo-
skripts mit einem editorischen Nachwort
von Alice Schmidt und Jan Philipp Reemtsma

DICHTERGESPRÄCHE IM ELYSIUM
Ein Jugendwerk aus dem Jahre 1940. Einmalige Ausgabe
von 3000 numerierten Exemplaren: Das Faksimile des
handschriftlichen Originals, dazu als Beibuch die gesetzte
Transskription mit einem Nachwort
von Jan Philipp Reemtsma

ARNO SCHMIDTS ARBEITSEXEMPLAR
VON FINNEGANS WAKE BY JAMES JOYCE
Das Faksimile des von Arno Schmidt mit verschiedenen
Bunt- und Bleistift-Unterstreichungen, Randglossen und
Kleinstübersetzungen versehenen Arbeitsexemplars
von Finnegans Wake, dazu 24 Blätter mit den vollendeten
Übersetzungsbeispielen

... DENN 'WALLFLOWER' HEISST
›GOLDLACK‹
Drei Nachtprogramme

DEUTSCHES ELEND
13 Erklärungen zur Lage der Nationen.
Aufsätze zu Politik und Kunst aus den Jahren 1957–1963.
Herausgegeben von Bernd Rauschenbach

BRIEFE AN WERNER STEINBERG
16 Briefe aus den Jahren 1954–1957.
Mit einer einleitenden Rezension und einem Nachwort
von Werner Steinberg

ARNO SCHMIDT / ALFRED ANDERSCH
BRIEFWECHSEL
Mit einigen Briefen von und an Gisela Andersch,
Hans Magnus Enzensberger, Helmut Heißenbüttel und
Alice Schmidt. Herausgegeben von Bernd Rauschenbach
als 1. Band der Arno Schmidt Brief-Edition

ÜBER ARNO SCHMIDT
Gesammelte Rezensionen, vom *Leviathan* 1949 bis zur
Julia 1983. Herausgegeben von Hans-Michael Bock.
Mitarbeit und Redaktion von Thomas Schreiber